Margit Seitz wurde in Linz/Österreich geboren. Nach Abschluß des Gymnasiums studierte sie in Wien Germanistik und Geschichte. Seit Jahren beschäftigt sie sich mit Meditation und Astrologie.
Margit Seitz lebt heute in München und arbeitet als freie Schriftstellerin.

Von Margit Seitz ist bisher als Knaur-Taschenbuch erschienen:

»Meditationen für den Stier« (Band 7716)

Von der Autorin überarbeitete und stark erweiterte
Taschenbuchausgabe 1987
Droemersche Verlagsanstalt Th. Knaur Nachf., München
Lizenzausgabe mit freundlicher Genehmigung
des Schönbergers Verlag, München
Die Originalausgabe erschien als Sammelband unter dem Titel
»Der Meditationsführer« in Schönbergers Verlag, München
© 1984 Schönberger GmbH + Co Verlags KG, München
Umschlaggestaltung Adolf Bachmann, Reischach
Illustration für Umschlag und Innenteil Christine Wilhelm, München
Satz IBV Satz- und Datentechnik GmbH, Berlin
Druck und Bindung Ebner Ulm
Printed in Germany   5 4 3 2 1
ISBN 3-426-07715-9

Margit Seitz:
Meditationen für den Zwilling

Wie Sie Ihre persönliche Meditationsmethode
finden können

ISBN 3-426-07715-9   880

INHALT

VORWORT

»Wir haben erfahren, daß der Mensch seinen Intellekt bis zu erstaunlichen Leistungen kultivieren kann – ohne dadurch der eigenen Seele Herr zu werden.«

HERMANN HESSE

Der Weg unserer hochzivilisierten, hoch technisierten und intellektgläubigen westlichen Gesellschaft hat in eine totale Veräußerlichung der Werte und Lebensgefühle geführt. Durch zahlreiche technische Hilfsmittel ist es gelungen, unser alltägliches Leben komfortabler zu gestalten, und dennoch ist dieses mehr denn je von einem fast unerträglichen, krankmachenden Leistungsdruck bestimmt. All die Maschinen und wissenschaftlichen Errungenschaften konnten das Leid in unserer Welt nicht mindern und die Fragen nach dem Sinn unseres Lebens nicht beantworten. Die Unzufriedenheit mit dieser einseitigen Weltsicht hat in letzter Zeit viele Menschen dazu bewogen, sich nach einer alternativen Betrachtungsweise der Dinge umzusehen. Der Wunsch, wieder ein Gleichgewicht herzustellen zwischen innen und außen, wieder in Harmonie mit der Natur und nicht gegen sie zu leben, wurde und wird immer größer. Und wie schon so oft in der abendländischen Geschichte, richtet auch heute der westliche Mensch in seiner Ratlosigkeit den Blick nach Osten, um dort Antworten auf seine existentiellen Fragen zu finden.

Das Interesse an der spirituellen Tradition Asiens nimmt daher in letzter Zeit immer mehr zu. Dies äußert sich auch in der Wiederentdeckung der Meditation. Wir werden geradezu überschwemmt von einer Vielzahl an Meditationstechniken und -schulen, und es bereitet oft Schwierigkeiten, sich für eine bestimmte Meditationsart zu entscheiden.

Diese Buchreihe gibt ihren Lesern durch die Verbindung von Astrologie und Meditation eine Orientierungshilfe für das Auffinden einer geeigneten Meditationstechnik, indem es den zwölf Tierkreiszeichen verschiedene Arten der Meditation zuordnet. Die Kombination von Astrologie und Meditation erscheint uns logisch, da es in beiden Systemen letztendlich um den Weg des Menschen zu seiner Vervollkommnung geht.

Die Möglichkeiten einer Darstellung der oft recht komplizierten Wege der Meditation in einem Buch sind begrenzt. Es können daher hauptsächlich Anregungen gegeben werden, denn Meditation als Weg zu innerer Wandlung muß gelebt werden.

ASTROLOGIE
UND
MEDITATION

Wir haben uns angewöhnt, kausal zu denken, die Wirklichkeit in eine Folge von Ursachen und Wirkungen zu zergliedern. Auf diese Art haben wir die Welt, in der wir leben, in lauter Ebenen zerlegt, und reden von den Mineralien, den Tieren, den Pflanzen. Es ist wichtig, unsere Wirklichkeit in ihren vielfältigen Erscheinungsformen so zu ordnen, sonst würden wir den Überblick verlieren. Fixiert auf unsere übliche kausale Denkweise, fällt es uns zunächst schwer, zu akzeptieren, daß es auch noch andere Modelle gibt, um die Wirklichkeit abzubilden. Diese anderen Systeme sind gelegentlich schwer mit dem Intellekt oder mit der Vernunft zu erfassen.

Schon vor Jahrtausenden entstand in verschiedenen Kulturen ein Abbildungssystem, das fähig ist, das komplizierte Gefüge unserer Wirklichkeit zu symbolisieren. Überlieferte Dokumente belegen, daß dieses Symbol-System in Indien, im vorkolumbianischen Amerika, in China und im nahöstlichen Chaldäa angewandt wurde. Jeweils gemeinsam ist diesen Systemen, daß mit ihrer Hilfe Grundprinzipien erkannt werden können, die auf allen Ebenen unserer Wirklichkeit gültig sind. Gemeinsam ist ihnen auch die Beobachtungsebene weit entfernt von allem Irdischen im Kosmos: die Sterne und ihre Bewegungen.

Dieses Symbol-System ist die Astrologie. Sie ist Abbildungssystem für die Wirklichkeit. Aus dem Stand der Sterne, die sich in einem rhythmischen Lauf bewegen, sich nähern und sich voneinander entfernen, kann die Astrologie die Grundprinzipien der Wirklichkeit erkennen, die für alle und alles immerwährend Gültigkeit haben.

Die Astrologie ist also ein Meßsystem, mit dessen Hilfe die komplexe Struktur unserer Wirklichkeit symbolisch erkannt werden kann. Der Sternenhimmel mit seiner rhythmischen Ordnung verdeutlicht ebenso wie die subatomare Welt einen allumfassenden kosmischen Regelkreis, in dem die Polarität zur Einheit verschmilzt. Im Universum sind Tod und Leben, Aufstieg und Niedergang, Ab- und Wiederkehr verschlüsselt. Wer es versteht, diese Welt zu deuten, ist auf dem Weg, die Wirklichkeit zu verstehen.

Die Astrologie strukturiert die Welt, in der wir leben, nicht in Ursache-Wirkung-Kategorien, sondern sucht nach den Urprinzipien. Die Sterne haben sich nach den bisherigen Erfahrungen als besonders geeignete Beobachtungsebene für diese Urprinzipien erwiesen.

Sie stehen damit gleichsam als Symbol für eine in tieferen Schichten unseres Bewußtseins vorhandene Wirklichkeit.

Ein weiterer alternativer Denkansatz der Astrologie erklärt, warum sie zu einem Instrument zur Bestimmung der Persönlichkeits- und Charakterstruktur werden kann. Dazu müssen wir etwas weiter ausholen. Die Lehre von der Polarität besagt, daß zu jedem Pol zwingend ein Gegenpol existieren muß. Ohne Nacht gibt es keinen Tag. Wir könnten uns ›langsam‹ nicht vorstellen, wenn wir nicht wüßten, was ›schnell‹ ist. Ohne ›groß‹ kein ›klein‹. ›Gut‹ existiert nur, weil es ›böse‹ gibt.

Ein vergleichbares Pol-Paar sind ›Quantität‹ und ›Qualität‹. Wir sind daran gewöhnt, in bezug auf die Zeit Quantitäten zu messen, indem wir sie in Sekunden, Minuten, Stunden, Tage, Wochen, Monate und Jahre eingeteilt und als Meßindikator im übrigen die Bewegungen von Erde, Mond und Sonne verwendet haben. Zeit-Qualitäten zu beurteilen, fällt uns gewöhnlich schwer, denn die Inhalte der Zeit können wir mit den bekannten Meßinstrumenten nicht bewerten. Es muß aber nach den Polaritäts-Regeln auch eine Zeit-Qualität geben. Das Erfassen der Zeit-Qualität ist Aufgabe der Astrologie. Es ist die Basis der Arbeit mit Horoskopen.

Horoskopieren bedeutet im Wortsinn: in die Stunde schauen. Hinter dem Zeitablauf kann somit ein Inhalt entdeckt werden. Da alles, auch die Zeit, lediglich ein Teilstück des geordneten Ganzen ist, lassen sich Zeit-Qualitäten sozusagen hochrechnen. Selbst aus der kürzesten Zeitspanne ist deshalb alles zu ersehen. Dieses Phänomens bedient sich das Geburtshoroskop. Im Zeitpunkt der Geburt ist alles enthalten, und die Astrologie wählt die Beobachtungsebene der Sterne, um diesen Gehalt zu erkennen.

Vielen westlichen Menschen fällt es nicht leicht, dieses ungewohnte Denkmodell auf Anhieb zu erfassen. Wir wollen deshalb an einem vergleichbaren naturwissenschaftlichen Phänomen erklären, was damit gemeint ist. Die Gen-Forscher haben entdeckt, daß alle Informationen, die ein Individuum charakterisieren, bereits in den Chromosomen der Samenzelle und des Eis enthalten sind. Verschlüsselt in einer biochemischen Sprache sind dort das Geschlecht festgelegt, der Knochenbau, das Aussehen, Augen- und Haarfarbe, psychische Grundstrukturen. Diese Informationen manifestieren sich erst im Verlauf des Lebens, sind jedoch schon im Augenblick der Zeugung vorhanden und unabänderlich.

Ähnlich funktioniert das Geburtshoroskop. Im Moment des ersten Atemzuges, zu Beginn des Lebens, stehen die Sterne in einer ganz bestimmten und einmaligen Konstellation über dem Geburtsort. Das Horoskop ist eine Momentaufnahme aus dem unendlichen Rhythmus des Universums. In dieser Momentaufnahme stecken alle Informationen über Vergangenheit und Zukunft. Das Horoskop offenbart die Urprinzipien, nach denen die Persönlichkeit strukturiert ist, und gibt Hinweise auf jene Bereiche, die in das Bewußtsein integriert werden müssen. Ihnen selbst erschließen sich die Aussagen der Astrologie allerdings nur dann, wenn Sie sich damit beschäftigt haben oder die Interpretationshilfe eines erfahrenen Astrologen in Anspruch nehmen. Notwendig ist das aber nicht. Selbst wenn Sie die astrologischen Urprinzipien Ihrer Persönlichkeit nicht erkennen können, sind diese dennoch vorhanden und wirksam und helfen Ihnen dabei, die geeignete Meditation für Sie persönlich zu finden. Ausgangspunkt ist Ihr Geburtsdatum. Mit seiner Hilfe können Sie bestimmen, durch welches Sternbild die Sonne am Tage Ihrer Geburt gewandert ist.

Wenn Ihr Geburtstag in dieser Zeitspanne liegt	dann sind Sie
21. März bis 20. April	Widder
21. April bis 20. Mai	Stier
21. Mai bis 21. Juni	Zwillinge
22. Juni bis 22. Juli	Krebs
23. Juli bis 22. August	Löwe
23. August bis 22. September	Jungfrau
23. September bis 23. Oktober	Waage
24. Oktober bis 22. November	Skorpion
23. November bis 21. Dezember	Schütze
22. Dezember bis 20. Januar	Steinbock
21. Januar bis 19. Februar	Wassermann
20. Februar bis 20. März	Fische

Im folgenden Hauptteil des Buches finden Sie zu Beginn jeden Kapitels eine kurze Erklärung der Sternzeichensymbolik. Anschließend schlagen wir Ihnen verschiedene Meditationsarten vor, die den jeweiligen Tierkreiszeichen entsprechen. Wenn Sie sich für eine der praktischen Übungen entschieden haben, sollten Sie mindestens drei Wochen lang bei dieser einen Meditationstechnik bleiben.

Beachten Sie zuvor jedoch alle Hinweise in dem Kapitel ›Die Praxis der Meditation‹. Viele der dort genannten Übungen erleichtern Ihnen den Beginn der Meditation. Sollten Sie während der Meditation einen starken inneren Widerstand spüren oder zwischen den meditativen Übungen im Alltag plötzlich vor psychischen Problemen stehen, die Sie allein nicht mehr bewältigen können, empfiehlt es sich, die Meditationszeit zu verkürzen und einen erfahrenen Meditationslehrer um Rat zu fragen.

Der Stand der Sonne zu Ihrem Geburtszeitpunkt ist ein Symbol für Ihre Lebensmitte, für das Zentrum Ihres Wesens. In ihr konzentrieren sich alle elementaren Bestandteile des Seins in Form einer intensiven energetisch-vitalen Vereinigung. Die Sonne gilt auch als Repräsentant für das höhere Ich des Menschen. Schon deshalb ist sie ein guter Wegweiser zur richtigen Meditationsmethode.

In jeder Person sind alle Grundprinzipien präsent. Mit Hilfe der Meditation können Sie alle diese Urprinzipien in sich und überhaupt bewußter wahrnehmen, sofern Sie jeweils dann, wenn die Sonne in einem bestimmten Sternzeichen steht, die entsprechende meditative Übung vollführen. Das bedeutet, daß Sie – unabhängig von Ihrem Geburtszeichen – zwischen dem 21. März und dem 20. April (Widder-Zeit) eine der vorgeschlagenen Widder-Übungen praktizieren können. Verlassen Sie sich bei der Auswahl der jeweiligen Übung stets auf Ihr Gefühl.

Wenn Sie über Ihr persönliches Horoskop verfügen, ist es möglich, die geeignete Meditation auf andere Art und Weise zu bestimmen. Achten Sie dann auf Mond, Himmelsmitte (MC), Aszendent, Bündelungen von Planeten in den entsprechenden Zeichen oder auf Planetenherrscher in Ihrem eigenen Zeichen (etwa Merkur in den Zwillingen oder Venus in der Waage). Diese Konstellationen geben dem Tierkreiszeichen ein besonderes Gewicht und könnten Sie dazu veranlassen, eine entsprechende Meditationsübung zu wählen.

DIE
GRUNDLAGEN DER
MEDITATION

WAS IST MEDITATION?

Meditation heißt, im eigenen und damit überhaupt im Zentrum aller Dinge zu sein. Schon der Wortstamm Medi-tation verweist uns auf diese Mitte, die das Ziel aller meditativer Übung ist. Es gibt nur dieses eine Ziel, aber viele Wege und Techniken, um dorthin zu gelangen.

»Der Tropfen im Meer mag bisweilen schon wissen, daß er im Meer ist, aber selten wohl weiß er, daß das Meer auch in ihm ist«, sagt Ananda May, eine große indische Heilige. Sind wir in Meditation, in unserer Mitte, wird uns unsere Teilhabe am Meer bewußt. Wir erfahren uns nicht nur als Teil der göttlichen Schöpfung, wir erkennen das Göttliche in uns.

Auf einer anderen Ebene, der naturwissenschaftlich-intellektuellen, beschrieben, kommt es im Zustand der Meditation zu einer Umschaltung des Bewußtseins. Wer meditiert, verläßt die gewohnte Ebene des Wachbewußtseins und begibt sich in bisher unerreichte Bereiche seiner Persönlichkeit, was bedeutet: Das Bewußtsein wird während der Meditation gleichzeitig erweitert, vertieft und erhöht. Deshalb ist Meditation nicht nur ein anderer Bewußtseinszustand, sondern ein allumfassender. Die Meditation erreicht alle Ebenen unserer Persönlichkeit, auch diejenigen, die wir bisher noch nicht kannten oder nicht kennen wollten. Meditation kreiert nie etwas völlig Neues, Utopisches. Es handelt sich bei ihr auch nicht um »geistige Gymnastik« oder um eine Übung zur Entspannung. Meditation beinhaltet all dies – und geht weit darüber hinaus.

Kein Wunder, daß es für viele Menschen schwierig ist, sich mit der wahren Bedeutung der Meditation zu befassen. Intellekt, Vernunft und rationelle Überlegungen reichen nicht aus, um Meditation zu begreifen. Sie entzieht sich allen theoretischen Konzepten und analytischen Bemühungen. Wer Meditation erfahren will, muß sie praktizieren. Die Bereiche, mit denen man während der Meditation konfrontiert wird, überschreiten die Grenzen des rational Faßbaren. Zwangsläufig wird der Meditierende den scheinbar sicheren Boden seines materiellen Weltbildes verlassen und erkennen, daß es Dinge zwischen Himmel und Erde gibt, die er mit seinem Verstand nicht erfassen kann. Jeder Versuch einer Erklärung gerät bestenfalls zu einer Annäherung an den wahren Gehalt der Meditation. Hier einige Beispiele:

Der Physiker und Philosoph Carl Friedrich von Weizsäcker: »Es ist ein Stillwerden des bewußten Getriebes und es meldet sich, es zeigt sich etwas, was auch immer vorher da war. Überhaupt, man wird durch die Meditation kein anderer, sondern der, der man immer gewesen ist.«

Der Psychologe und Gestalttherapeut Hilarion Petzold: »Es ist eine Haltung der hingebungsvollen, steten Konzentration, der reinen Offenheit, der Loslösung von den Fesseln der Vergangenheit, […] der Befreiung zu neuen Gestaltungen des Bewußtseins und zugleich des Überschreitens aller Einzelgestaltungen.«

Der Sufi-Führer Pir Vilayat Khan: »Das Ziel ist, Gott zu einer Realität zu machen und nicht die Suche nach der Befreiung von den existentiellen Bedingungen.«

Der Meditations-Meister Karlfried Graf Dürckheim: »Meditation meint Verwandlung des überwiegend der Welt zugewandten, aus seiner bloßen Natur und im Bedingten der Welt lebenden Menschen zu dem neuen Menschen, der bewußt in seinem Wesen verankert ist und dieses in seinem Erkennen, Gestalten und Lieben in der Welt in Freiheit zu bekunden vermag.«

Meditative Zustände sind uns allen bekannt, aber unser modernes Leben verdrängt sie. Durch den Leistungsdruck, unser ›Durch-das-Leben-Hetzen‹, werden wir daran gehindert, zu uns selbst zu finden, unsere Mitte zu spüren. Es fehlt uns immer mehr die Fähigkeit zur Hingabe. Streß ist an die Stelle von Beschaulichkeit getreten, bei der sich oft von allein ein Meditationszustand einstellt. Deshalb benötigen wir heute Techniken, die uns helfen können, den Zustand absoluter Ruhe, der Passivität, des Nichts-Tuns, der Hingabe an das ›Einfach-so-Sein‹ wieder zu ermöglichen.

WARUM MEDITATION?

»Der Zweck des Lebens ist Bewußtwerdung«, schreibt Bhagwan Shree Rajneesh. »Bewußtheit ist die uneingeschränkte Wahrnehmung von allem, was geschieht.« Diese uneingeschränkte Wahrnehmung ist uns meist verwehrt, denn unser Wachbewußtsein ist nur in der Lage, einen winzigen Ausschnitt der Realität zu erfassen. Alles, was jenseits dieser Grenzen liegt, ist außerhalb unserer bewußten Reichweite – aber dennoch vorhanden.

Meditation ist ein Weg zum totalen Bewußtsein, zur umfassenden Wahrnehmungsfähigkeit. Mit Hilfe der Meditation gelingt es, ein Sperrgebiet zu betreten, in dem bislang unerschlossene Ressourcen der Persönlichkeit lagern.

Eingegrenzt in unsere Bewußtseinsschranken, sind wir nicht in der Lage, die übergeordnete Einheit aller Dinge und Vorgänge zu erkennen. Der wesentliche Grund dafür ist die Erfahrung der Polarität, die unsere materielle Welt prägt. Die Wirklichkeit existiert zwar als Einheit, ist eine Art allumfassender kybernetischer Regelkreis, der nach einer übergeordneten ›göttlichen‹ Gesetzmäßigkeit funktioniert. Alles ist von allem abhängig, nichts kann allein wirken. Mit unserem eingeschränkten menschlichen Bewußtsein können wir diese Einheit aber nicht erfassen, und deshalb offenbart sich uns die Welt in scheinbaren Gegensätzen: Mann und Frau, Tag und Nacht, Gesundheit und Krankheit, Leben und Tod, Plus und Minus.

Eine der Grunderfahrungen der Polarität ist der Atem. Mit seiner Hilfe können wir ihr Wesen am besten erkennen. Das Einatmen bedingt das Ausatmen, beides gehört zusammen, und wenn man einen Pol wegnimmt, verschwindet auch der andere. Dieser Wechsel der Pole ergibt einen Rhythmus. Und dieser Rhythmus bedeutet Leben, ist das Grundmodell alles Lebendigen.

Die enge Zusammengehörigkeit der beiden Pole läßt die Einheit, die ihnen zugrunde liegt, gut erkennen. Uns Menschen zeigt sie sich jedoch immer in zwei hintereinander ablaufenden Aspekten der Wirklichkeit. Da jeweils ein Pol notwendig ist, um den anderen zu erfahren, haben beide ihre Existenzberechtigung und ihren Sinn. In einem gesetzmäßig funktionierenden Kosmos kann es nichts Sinnloses geben.

»Die Menschen«, so der Psychotherapeut Thorwald Dethlefsen, »haben es sich zur Gewohnheit gemacht, die Welt einzuteilen in Dinge, die sein dürfen, und in Dinge, die es eigentlich nicht geben sollte.« Indem wir uns weigern, bestimmten Teilen der Wirklichkeit in unserem Bewußtsein eine Existenzberechtigung zu geben, verschließen wir aber lediglich die Augen vor einem Ausschnitt der Realität. Das schlägt voll auf uns zurück, denn jeder Versuch, eine Wahrheit zu unterdrücken, erzeugt Gegendruck, den wir zu spüren bekommen. Thorwald Dethlefsen schreibt in diesem Zusammenhang: »Der größte Teil des menschlichen Leidens besteht aus dem ausgeübten Widerstand gegen die manifestierten Umstände.«

Dieses ›Entweder-Oder‹, mit dem wir die Welt betrachten, zwingt uns dazu, viele Dinge in uns zu unterdrücken, weil wir deren Wertfreiheit nicht akzeptieren können. Wir setzen den Maßstab des ›Gut‹ und ›Böse‹, verdrängen dabei einen großen Teil unserer Persönlichkeit in einen Schattenbereich und verhindern damit die volle Entfaltung unseres Wesens. Wir werden krank, weil wir unsere Persönlichkeit gewaltsam reduzieren.

Die Existenz des von Tiefenpsychologen als ›Schatten‹ bezeichneten Bereichs ergibt sich aus der polaren Erfahrung der Wirklichkeit. Da wir aber von unseren menschlichen Leiden nur erlöst werden können, wenn wir wieder in die Einheit finden, kommt der Integration des Schattens in unsere Persönlichkeit eine wesentliche Bedeutung zu.

Das klingt nicht nur so, als sei es eine schwierige Aufgabe, sondern es ist auch eine schwierige Aufgabe. Gerade in den dunklen Seiten unserer Seele sind oft ungeahnte Kräfte verborgen, die nur auf ihre Befreiung warten und, ans Licht gebracht, unsere Persönlichkeit abrunden und stärken.

Der tibetanische Religionsführer Tschögyam Trungpa spricht in diesem Zusammenhang von Abfall, der als Dünger für den Entwicklungsprozeß verwendet werden soll: »Fähige Bauern aber sammeln ihren Abfall trotz schlechten Geruches und schmutziger Arbeit, und wenn er gebrauchsfähig ist, verteilen sie ihn über ihren Acker.«

Daher soll auch der Mensch seine Schattenseiten erkennen und bejahen. Er muß sie erforschen und muß akzeptieren, daß dies alles Dinge sind, die zu ihm gehören. Erst dann hat er in diesem Fall die beiden Pole der Wirklichkeit angenommen und lernt sich selbst zum ersten Male umfassender kennen. Mit dieser Selbsterkenntnis erfüllt der Mensch eine der wesentlichen Forderungen, die das Leben an ihn richtet. Thorwald Dethlefsen formuliert das so: »Das höchste Ziel des Menschen – nennen wir es Weisheit oder Erleuchtung – besteht in der Fähigkeit, alles anschauen zu können und zu erkennen, daß es gut ist, wie es ist.«

Meditation unterstützt die Selbsterkenntnis, hilft uns bei der Nutzbarmachung des inneren Schattens. Das ist der Grund, warum bei zunehmend mehr Richtungen der Psychotherapie Meditationstechniken eingesetzt werden. Durch die tiefe innere Ruhe, die bei der Meditation entsteht, verschwinden Ängste und Verkrampfungen. Gedanken und Wünsche, die bisher stark angstbelegt waren, haben durch die von der Meditation geförderte wertfreie Haltung die Chance, aufzutauchen.

Der Prozeß der Selbsterkenntnis ist oft sehr schmerzhaft. Wer diesen Weg geht, gerät dabei gelegentlich mit Dingen in Berührung, die ihn entsetzen. Es brechen anscheinend unüberwindbare Gegensätze auf, und der Schrecken der Polarität wird überaus deutlich. Doch erst wenn wir uns immer wieder mit diesen Phänomenen unserer Seele beschäftigen, können wir sie verstehen und in der Polarität die Kraft der Einheit erkennen. Die Meditationstechniken geben uns die Chance, die Grenzen unseres dualen Weltbildes zu überschreiten, die scheinbaren Gegensätze wieder zusammenzufügen, unsere gewohnte Subjekt-Objekt-Unterscheidung aufzulösen und die Gesamtschau herzustellen.

Einheit erreichen wir dann, wenn wir unser begrenztes Wachbewußtsein mit dem Unbewußten, das unbegrenzt ist und alles enthält, verschmelzen. Dazu muß die Trennschicht zwischen den Bewußtseinsebenen ›gereinigt‹ und durchlässig gemacht werden. Meditation kann das erreichen. Es ist ein Sprung ins Unbewußte, in die Tiefen unserer Persönlichkeit. Deshalb ist Meditation weitaus mehr als eine reine Entspannungsübung, als die sie bei uns im Westen so populär geworden ist. Entspannung und Streßlösung sind angenehme Begleiterscheinungen – mehr nicht.

Diesem komfortablen Zwischenergebnis der Meditation folgt die oft weniger angenehme Suche nach der vollständigen Persönlichkeit. Getrennt von einem großen Teil unserer Seele, machen wir uns mit Hilfe der Meditation auf den schwierigen Weg, unser Wesen in seiner ganzen Fülle zu erkennen. Darauf muß gefaßt sein, wer sich mit Meditation einläßt, denn ganz gleich, aus welchen Gründen wir Meditation begonnen haben – sie gibt uns immer mehr, als wir erwarten.

DIE MEDITATIONSTECHNIKEN

Es gibt eine Vielzahl von Meditationstechniken, und alle haben ein gemeinsames Ziel: sich selbst überflüssig zu machen. Das klingt verwirrender, als es tatsächlich ist.

Ziel aller Meditationstechniken ist ein meditativer Zustand, in dem sich die bislang brachliegenden Bewußtseinsbereiche offenbaren können. Der Zugang zu diesen unerforschten, im Dunkel unserer Seele liegenden Ebenen wird jedoch durch die hektische Alltagsbetriebsamkeit unseres Wachbewußtseins versperrt. Hier wird so aktiv gedacht und analysiert, daß keine Gelegenheit mehr besteht, sich um die für unsere Gesamtpersönlichkeit so wichtigen Inhalte des Unbewußten zu kümmern.

Entscheidende Voraussetzung für das erfolgreiche Erreichen eines meditativen Zustandes ist deshalb, unser Bewußtsein von den alltäglichen Inhalten zu leeren und Platz darin zu schaffen für all das, was aus den unteren Ebenen unserer Seele aufsteigen und sich bemerkbar machen will. Das ist leichter gesagt als getan. Wer jemals versucht hat, nur eine einzige Minute lang ganz still zu sitzen und an nichts, an überhaupt nichts zu denken, der hat festgestellt, daß es unmöglich ist, alle Gedanken, Empfindungen und Phantasien aus dem Bewußtsein zu vertreiben.

Die Meditation weiß um dieses Problem. Im Laufe ihrer langen Geschichte wurden deshalb Techniken entwickelt, mit deren Hilfe das Bewußtsein weitgehend geleert werden kann. Diese Methoden tragen dazu bei, unsere Gedanken auf einen einzigen Gegenstand oder auf eine einzige Tätigkeit zu konzentrieren. Systematisch wird alles andere aus dem Bewußtsein eliminiert, und wir verweilen bei einer einzigen Sache. Das Entscheidende dabei ist nicht, bei welcher Sache wir verweilen; wesentlich ist das Verweilen an sich.

Meditationstechniken bilden jenen aktiven Schritt, den wir benötigen, um unser rationales, begrenztes Denken zu beschwichtigen, damit wir in den Zustand des Nicht-Tuns, der passiven Bewußtheit, des stillen Gewahrseins – was Meditation ist – eintauchen können.

Wer lange genug mit Hilfe dieser Techniken seine Gedanken auf einen Punkt zu fokussieren geübt hat, ist irgendwann auch in der Lage, diesen letzten Gedanken aus seinem Bewußtsein zu tilgen. Dann ist der Zustand der Meditation erreicht – und die Techniken werden überflüssig. Der Vorgang der Technik also ist noch nicht Meditation, weil er noch Aktivität ist, aber er kann uns in die Meditation führen. Je mehr Energie für die Technik verwendet wird, desto weniger werden störende Gedanken auftauchen.

Wenn man beispielsweise den Tanz als Meditationstechnik verwendet, wie das die Sufi-Derwische tun, wird irgendwann der Moment kommen, daß man nur noch tanzt, nicht mehr denkt und selbst zum Tanz wird.

»Meditation«, schreibt Claudio Naranjo vom *Esalen Institut* im kalifornischen Big Sur, »beschäftigt sich mit dem Entwickeln einer Gegenwart, einem Seinszustand, der in jeder Situation, in der sich der einzelne befinden mag, ausgedrückt oder herausgebildet werden kann.« Und weiter: »Diese Gegenwart verwandelt, was immer sie berührt. Ist ihr Medium die Bewegung, wird sie sich in Tanz verwandeln; ist es Ruhe, wird sie zur lebenden Skulptur; ist es der Gedanke, wird es zu höheren Bereichen der Intuition; ist es die Wahrnehmung, wird sie zur Verschmelzung mit den Wundern des Daseins; ist es das Gefühl, wird es zur Liebe; ist es Gesang, wird es zur geheiligten Äußerung; ist es die Sprache, wird sie zum Gebet und zur Dichtung; sind es die Tätigkeiten des gewöhnlichen Lebens, werden sie zu einem Ritual im Zeichen Gottes oder zu einer Feier des Daseins.«

INTELLEKT UND MEDITATION

Wer sich auf den Weg der Meditation macht, wird über kurz oder lang auf ihren Gegenpol, den Intellekt stoßen. Der Intellekt ist bei den meisten westlichen Menschen die beherrschende Instanz. Er bestimmt, wo es lang geht, Ziel, Richtung und Geschwindigkeit, eigentlich alles Wesentliche, beziehungsweise alles, was wir dafür halten. Meditation gehört da eindeutig nicht dazu, wendet sie sich doch nach innen, unserer Mitte zu. Der Intellekt aber kümmert sich mit Vorliebe um die Oberfläche in ihrer ganzen Breite und Vielfalt. Er ist es, der der ständigen Abwechslung bedarf, um bei Laune zu bleiben, der die Partner wechseln will und die Arbeit, umziehen muß an andere Orte, ständig neue Reiseziele sucht, das Automodell, die Kleidung und die Frisur den neuesten Trends angepaßt haben will. Er braucht Spannung und Abwechslung, und nur Bewegung stimmt ihn zufrieden. So ist auch der äußere Redefluß ebenso wie der noch viel unablässigere innere Gedankenstrom ein Produkt des Intellekts.

Meditation stellt zu all dem den Kontrapunkt dar und ist uns deshalb, da wir in unseren Breiten seit Jahrhunderten auf den Intellekt setzen, anfangs ungewohnt, ja oft sogar befremdlich. Meditation kümmert sich in den allermeisten Fällen gar nicht um den Intellekt und ruft ihn so nicht selten als

Gegner auf den Plan. Auch in diesen Fällen wird er meist weiter ignoriert, und so kommt es, daß er uns häufig mit guten Argumenten vom Weg der Meditation wieder abbringen will. Solche Argumente können dann etwa folgendermaßen klingen: »Das ist mir zu langweilig«, »das ist ja schon wieder dasselbe«, »am Anfang war es ja ganz interessant, aber jetzt macht es mir keinen Spaß mehr«.

Meditation muß durch solche Phasen hindurchgehen und nähert sich überhaupt erst ihrem wirklichen Anliegen, wenn sie die Phase des intellektuellen Protestes hinter sich gebracht hat.

Besonders wer sich dem Thema neu zuwendet, sollte solche Gegenwehr in die Wahl einer Technik miteinbeziehen und sich für den Anfang eher Meditationsformen wählen, die dem Intellekt nicht zuviel Störmöglichkeiten einräumen. Etwa sind die geführten Meditationen, mit denen der praktische Teil der Tierkreiszeichenmeditationen beginnt, für intellektuelle Proteste weniger anfällig, da sie doch ziemlich viel Abwechslung enthalten und das Kennenlernen der eigenen Innenwelt noch vor dem »Leerwerden« rangiert. Meditation, die wie Za-Zen auf absolute Leere zielen, sind anfangs besonders anfällig für intellektuelle Gegenspiele und daher mehr für fortgeschrittene Meditierende geeignet, die die erste Auseinandersetzung mit dem Intellekt schon hinter sich gebracht haben.

Für dieses Problem mag auch die hier gewählte Form, Meditationen einem bestimmten Urprinzip bzw. einem bestimmten Tierkreiszeichen zuzuordnen, erleichternd sein. Denn wenn man sich eine Technik wählt, die dem eigenen Grundprinzip naheliegt, hat man natürlich weniger innere Ablehnung zu bewältigen.

Grundsätzlich sollten wir uns aber klarmachen, daß Meditation all dem zuwiderläuft, was in unserer Gesellschaft wichtig und vorrangig ist. Meditation müßte man dem weiblichen Pol der Wirklichkeit zuordnen, während unser gesellschaftliches Leben eindeutig vom männlichen Gegenpol bestimmt wird. So gehen all die üblichen Forderungen, nach denen wir erzogen und ausgebildet worden sind, am Thema der Meditation glatt vorbei.

Es ist nämlich nicht möglich, schnell zu meditieren, genausowenig, wie wir schnell beten können. Es läßt sich dabei weder Zeit noch Geld einsparen, die Effizienz läßt sich nicht steigern, die Leistung nicht erhöhen. Ja, was vielleicht aus dieser Sicht das Schlimmste ist, es bringt nichts. Jedenfalls nichts Greifbares, bestenfalls eben wirklich das »Nichts«, das aber nur nach sehr langer Übung. Etwas zu tun, bei dem bestenfalls »Nichts« herauskommt, ist aber nach landläufiger Meinung »verlorene Zeit«. Tatsächlich geht es auch gerade darum, die Zeit zu verlieren, sich außerhalb alles beherrschenden Einflusses zu begeben.

An diesen wenigen Wortspielen läßt sich schon erkennen, wie wenig wir dem Thema »Meditation« mit unserer gewohnten logischen Denkart gerecht werden. Im intellektuellen Denken ist Zeit Geld und begrenzt, sie muß also genutzt und darf keinesfalls verschwendet werden.

Wenn wir meditieren, verlassen wir diesen engen Definitionsrahmen, und Zeit erscheint uns weniger unter ihrem quantitativen Aspekt, als vielmehr unter dem ihrer Qualität, ja sie hört letztendlich ganz auf, meßbar zu sein, wird nur noch erlebbar…

Dieser Schritt in Richtung Gegenpol, in unserem Fall in Richtung der weiblichen Seite des Menschen, ist wohl der schwierigste Schritt im Leben überhaupt, und so sollten wir Geduld mit uns haben und uns viele Chancen geben. Wir sollten auch Verständnis für unseren männlichen Teil, den Intellekt haben, denn schließlich ist es für niemanden leicht, einen Teil der eigenen Macht abzugeben, selbst dann nicht, wenn das ferne Ziel, das Gleichgewicht zwischen Yin und Yang, links und rechts, weiblich und männlich ist, für alle Beteiligten nur Vorteile bringt.

DIE WIRKUNGEN DER MEDITATION

Streß ist eine der häufigsten Belastungen des westlichen Menschen. Seine Symptome sind Nervosität, Gereiztheit, Muskelverkrampfung und Überanstrengung. Den Fachleuten gilt er als Ursache zahlreicher Zivilisationskrankheiten. Streß hat eine fehlende Ausgeglichenheit im Organismus als Reaktion auf Umwelteinflüsse zur Folge. Dabei werden alle erhaltenden Funktionen des Körpers wie Verdauung, Zellaufbau und Zellreinigung gedrosselt und alle aktivierenden sowie mobilisierenden Funktionen gesteigert. Der Körper bereitet sich auf Kampf oder Flucht vor. Das ist in bestimmten Situationen sinnvoll. Dem Menschen erschließt sich durch Streßreaktionen eine ganze Reihe von speziellen Gegenmaßnahmen, mit denen er auf Umweltreize richtig reagieren kann, um danach wieder zu harmonischen Verhaltensweisen zurückzukehren.

Gefährlich wird Streß nur dann, wenn er zu oft vorkommt und überdies nicht abreagiert werden kann. Sinnlos bereitet sich der Körper in solchen Fällen auf Aktion vor, kann diese aber nicht ausleben, weil Angriff genauso wie Flucht gesellschaftlich als unmögliches Verhalten gelten. Wenn sich z. B. eine Geschäftsbesprechung negativ für mich zuspitzt, nutzt es in den meisten Fällen gar nichts, entweder dem Gesprächspartner die Faust ins Gesicht zu rammen oder den Raum fluchtartig zu verlassen. Im Gegenteil: Wir tun so, als sei nichts passiert, und schlucken Wut oder Angst unauffällig hinunter.

Dabei werden zwar die Streßhormone ausgeschüttet, das Herz klopft schneller, und der Blutdruck steigt – aber es gibt kein Ventil dafür. Der Streß dreht sich sozusagen isoliert im Kreis und frißt sich tief in uns hinein, und es ergeben sich zwei unangenehme Folgen:

– Dauerstreß schwächt das Immunsystem. Der Körper ist nicht mehr in der Lage, Krankheitserreger wirksam zu bekämpfen.

– Streß belastet die Psyche. Angst und Wut setzen sich tief in uns fest, weil sie keinen Ausweg finden.

Die in uns aufbewahrten alten Stresse sind besonders verhängnisvoll. Wir sind uns zwar dieses Ballastes nicht bewußt, doch bedeutet das keinesfalls, daß sie damit verschwunden sind. Unerkannt vom Wachbewußtsein, rumoren sie im Unterbewußten und belasten dadurch unser gesamtes Wesen.

Die meisten Menschen haben ein Verfahren entwickelt, wie sie mit den in jedem von uns vorhandenen inneren Stressoren fertig werden können: Sie riegeln ihr Bewußtsein gegenüber den darunterliegenden streßbelasteten Schichten ab, Grenzüberschreitungen werden nicht zugelassen. Das Unterbewußte wird wie eine Sondermülldeponie mit gefährlichem Inhalt behandelt. Das mag zwar eine Zeitlang funktionieren, aber irgendwann sind die Kapazitäten unserer Abfallhalde für den Seelenmüll erschöpft. Die Deponie fließt über, die alten Stressoren kehren zerstörerisch ins Bewußtsein zurück und äußern sich dann als seelischer Leidensdruck und psychosomatische Störung.

Indem wir unsere tieferen Seelenschichten vor unserem Bewußtsein abschotten, handeln wir uns noch einen zweiten Nachteil ein: Wir vergeben nämlich die Chance, von den unerschöpflichen Kräften zu profitieren, die ebenfalls jenseits des Wachbewußtseins lagern. Dadurch werden wir zu einem gefühlsmäßig reduzierten Wesen mit geringem seelischem Tiefgang, das seine schöpferischen Energien und seine produktive Kreativität verloren hat.

Als derartiger Gefühlskrüppel ist der Mensch durchaus noch in der Lage zu funktionieren, solange er imstande ist, alles zu verdrängen, was ihn belastet. Zu einer seelisch-geistigen Weiterentwicklung ist er allerdings in solch einer Situation nicht mehr fähig. Zur persönlichen Krise kommt es, wenn die Psychomüllkippe voll ist und die unbearbeiteten seelischen Inhalte ins Bewußtsein schwemmt.

Es gibt verschiedene Methoden, um eine derartige seelische Blockade aufzulösen und einen neuen Zugang zu unserem Innenleben zu finden. Dieses Ziel haben viele Methoden der Psychotherapie.

Eine der einfachsten und umfassendsten Methoden ist die Meditation. Neueste naturwissenschaftliche Forschungen und uralte Erfahrungen belegen übereinstimmend die integrierenden Wirkungen der unterschiedlichen Meditationsarten. Mit ihrer Hilfe gelingt es, Seele wie Körper zu beruhigen und zu entspannen. Das ist nicht ein Schutz vor Streß, der von außen auf uns einwirkt, sondern die Chance, die Barrieren zwischen unseren Bewußtseinsebenen abzubauen. Im Zustand der Tiefenentspannung werden alte Stresse gelöst und wird ein neues Grundvertrauen geschaffen.

Dies alles läßt ein spezieller Teil der Meditation geschehen. Durch die vollständige oder teilweise Leerung des Bewußtseins während der Meditationsphase öffnet sich unser Geist für neue Erfahrungen. Im Gegensatz zu Psychoanalysen und Streßlösungsprogrammen gehen wir bei der Meditation wertfrei und ziellos in unserer eigenen Psyche auf Entdeckungsreise. Wir wollen nichts erreichen, sondern lassen geschehen und akzeptieren, was geschieht. Unsere Seele weiß diese Freiheit zu schätzen. Ungezwungen richtet sich während der Meditation ein innerer Suchscheinwerfer auf die dunklen Gebiete unserer Psyche. Weil wir nichts erreichen müssen, können wir alles erreichen.

Psychologen haben ein Modell entwickelt, wie die Streßlösung und die Bewußtseinserweiterung während der Meditation ablaufen. Gleichsam wie mit einem Fahrstuhl fährt unser Bewußtsein in tiefere Schichten, die uns bisher verborgen geblieben waren. Dort werden seelische Materialien bearbeitet und aufbewahrt. Gefühle wie Angst, Wut,

Haß und Mißtrauen werden entdeckt, akzeptiert und damit neutralisiert; schöne Gefühle wie Liebe, Vertrauen und Freude werden gefördert. Dieser ständige Wechsel zwischen immer tiefer wirkender Entspannung und Gefühlsverarbeitung erfolgt unsystematisch und reguliert sich selbsttätig. Normalerweise können wir uns deshalb bei der Meditation nicht überfordern. Anpassungsfähig und flexibel arbeiten wir während der Meditation an einem Kern der menschlichen Existenz. Die Wirkungen dieser Arbeit sind deshalb auf unterschiedlichen Ebenen wahrnehmbar. Körper und Seele werden wohltuend beeinflußt. Wir lernen uns besser kennen und entwickeln daraus die Fähigkeit zu einer positiveren Kommunikation mit anderen.

Wer in der Lage ist, sich zu akzeptieren, kann auch andere leichter anerkennen. Wer sich selbst kennt, kann sich leichter und klarer verwirklichen, weil er dann Manipulationsversuchen von außen her weniger leicht ausgeliefert ist. Den Psychologen Lutz Schwäbisch und Martin Siems erscheint das als »die beste Garantie gegen totalitäre und inhumane politische Entwicklungen«. In ihrem Buch ›Selbstentfaltung durch Meditation‹ erklären sie: »Jede Verringerung von Neurotizismus hilft unmenschliche Gesellschaften, Politik und Gesetze zu verhindern.«

Fundierte Untersuchungen über die Wirkungen der Meditation gibt es nur in bezug auf die Transzendentale Meditation (TM), die christliche Meditation, auf Zen und Yoga. Man kann aber davon ausgehen, daß diese Wirkungen meditationsty-pisch sind, also auch bei allen anderen Medita-tionsarten auftreten können. Besonders oft wer-den folgende genannt:

– Nach regelmäßiger meditativer Übung stellt sich ein grundsätzliches Gefühl der Entspannung, Ruhe und Gelassenheit ein. Wer meditiert, fühlt sich nicht mehr so gehetzt und gedrängt. Umwelt-reize belasten ihn weniger, er zeigt seltener Streß-reaktionen. Trotz größerer Ruhe steigert sich die Reaktions- und Konzentrationsfähigkeit.

– Meditation führt zu größerer Selbstakzeptanz, zu mehr Selbstvertrauen und Selbstidentität und zu einer besseren Selbstverwirklichung. Daraus entstehen größere Unabhängigkeit, Selbständig-keit, Risikobereitschaft und Toleranz gegenüber anderen.

– Die allgemeine Lebenseinstellung wird durch Meditation offenkundig positiv beeinflußt und stabilisiert. Man fühlt sich ausgeglichen und ver-fügt über eine heiter-gelassene Zufriedenheit. Es fällt leichter, eigene Affekte zu erkennen und zu kontrollieren.

– Die körperliche und geistige Leistungsfähigkeit steigt, die Intelligenz nimmt meßbar zu. Es wurde auch eine größere Kreativität festgestellt.

– Die Sensibilität nimmt zu. Hierbei soll darauf hingewiesen werden, daß dies nicht nur Vorteile mit sich bringt. Neben einer gesteigerten Wahr-nehmungsfähigkeit in allen Bereichen kann die all-gemeine Gefühlssituation an Stabilität verlieren;

man ist anfälliger für Stimmungsschwankungen, seelische Schattenbereiche dringen leichter an die Oberfläche, man ist der Gefühlswelt vermehrt ausgeliefert, die Frustrationsgrenze kann sinken. Magen und Bauch werden dadurch zu empfindlicheren Körperregionen.

– Einzelne Forschungen belegen, daß durch Meditation die Erinnerungs- und die Lernfähigkeit gesteigert werden, daß es leichter fällt, arithmetische Probleme zu lösen, daß die motorische Geschicklichkeit zu- und die Angst abnimmt.

Mediziner haben herausgefunden, daß die Meditation im Rahmen ihrer Breitenwirkung in der Lage ist, hohen Blutdruck zu senken und Einschlafstörungen zu beseitigen. Drogenmißbrauch wird durch Meditation gemeinhin drastisch reduziert. In den USA wurde sogar in einer wissenschaftlich kontrollierten Untersuchung an TM-Schülern festgestellt, daß meditative Übungen zu einer Besserung bzw. völligen Eliminierung folgender Symptome führen können: Magengeschwüre, Asthma, Epilepsie, Multiple Sklerose, Allergien, Kopfschmerzen, Akne, Übergewicht, Verspannungen. Nachdem bekannt ist, daß häufiger Streß mit einer Schwächung des Immunsystems einhergeht, ist es kein Wunder, daß Meditation durch seine Entstressungs-Funktion auch dazu beiträgt, die Anfälligkeit für Infektionskrankheiten wie Erkältung oder Grippe zu mindern.

Letztendlich können alle Krankheitssymptome, nicht nur die oben angeführten, verschwinden.

Körperliches und seelisches Wohlbefinden laufen parallel, bedingen einander. Krankheit ist nichts anderes als eines der dringendsten und nicht mehr so leicht ignorierbaren Warnsignale, daß wir in unserer Seele etwas nicht beachtet haben. Da nun Meditation die wertfreie Wahrnehmung unserer seelischen Bereiche ermöglicht, wir dabei in Kontakt mit dem »Inneren Arzt« bzw. unserem »Inneren Weisen« kommen, der immer am besten weiß, was gut und richtig für uns ist, werden wir alle Teile unseres Wesens erkennen und besser leben können, und körperliche Krankheit wird dadurch überflüssig.

Voraussetzung für solche »Erfolge« der Meditation ist allerdings, daß man nicht versucht, derartige Erfolge gezielt zu erreichen. Meditation wirkt nur dann entspannend und heilend, wenn sie ungezwungen und nicht zielgerichtet erlebt wird. Körper und Geist wissen besser als unser Tagesbewußtsein, wo Entstressung, Angstlösung und Selbsttherapie ansetzen und wirken müssen. Wer meditiert, muß vertrauen und lernen, sich von den alltäglichen Zwängen zu lösen, die stets ein ganz konkretes Ziel erreichen wollen. Alle Gedanken, Gefühle und Phantasien, die während jeder Meditation auftauchen, werden wertfrei und kommentarlos akzeptiert.

Besonders schwer fällt es den meisten Anfängern der Meditation, auch unangenehme Symptome als sinnvoll und zur eigenen Persönlichkeit gehörend anzuerkennen. Zwar soll Meditation Spaß machen und keinesfalls während oder nach der Versenkung quälend wirken.

Gelegentlich können jedoch bei der Lösung alter Stresse beunruhigende Erscheinungen auftreten. Dann kommt es zu Schwitzen, Fieber, Muskelzucken oder Zittern. Das sind harmlose Phänomene, die man am besten einfach geschehen läßt, denn sie zeigen an, daß wir körperliche Spannungen abbauen. Nach einiger Zeit verschwinden diese Symptome von allein.

Auch Kopfschmerzen, Müdigkeit und ein Gefühl, als sei man in Watte gepackt, sind Zeichen einer Lösung von alten psychischen und physischen Schlacken. Es besteht kein Grund zur Beunruhigung, wenn diese Symptome zu Beginn der Meditation erscheinen. Nervosität, Gereiztheit und Hautjucken offenbaren, daß sich vorher unterdrückte Aggressivität freimacht. Gelegentlich beginnen alte Operationsnarben wieder zu schmerzen. Damit wird signalisiert, daß der im Unterbewußtsein vorhandene Schmerz, den die Operation unter Narkose verursacht hat, bewußt und damit gelöst wird. Die Schmerzerscheinungen dauern nur Stunden oder wenige Tage an.

Weil bei der Meditation auch Angst, Traurigkeit, Einsamkeit, Wut, Ärger und Depressionen gelöst werden, geraten diese vorübergehend wieder ins Bewußtsein. Das ist jedoch kein Grund, zu erschrecken. Wenn wir uns mit diesen Gefühlen auseinandersetzen, können wir sie auflösen; Widerstand dagegen fixiert sie.

Die genannten Symptome treten nur in wenigen Ausnahmefällen auf und doch dokumentieren sie den Entstressungsvorgang und das Eindringen in tiefere Schichten des Bewußtseins. Wer nicht in der Lage ist, diesen Inhalt seines Unterbewußtseins zu akzeptieren, vergibt eine Chance zur Selbstfindung und Selbstentwicklung.

In seltenen Fällen ist es allerdings angebracht, eine andere Meditationsart zu wählen. Jede Methode wirkt individuell verschieden. Manche Menschen kommen besser mit einer heftigen, aber schnellen Entstressung zurecht, andere fühlen sich bei einer sanften und behutsamen seelischen Reinigung wohler.

Es liegt jeweils in der ganz persönlichen Verantwortung, welchen Weg man wählt. Keine der vielen Meditationsarten ist besser als die andere, keine ist schlechter, aber manche passen genauer zur jeweiligen Persönlichkeit.

Meditation, richtig verstanden, ist nie gefährlich. Stets verhält sie sich harmonisch zu den wahren und zentralen Bedürfnissen von Körper und Seele. Natürlich können Schattenbereiche an die Oberfläche kommen, die beängstigend und gefährlich erscheinen. In solchen Fällen ist es wichtig, dabeizubleiben und durch diese Tiefen hindurchzugehen. Ein Abbrechen in diesen Momenten würde unter Umständen bewirken, daß man in jener dunklen Stimmung des Abbruchmomentes ziemlich lange auch noch nach Ende der Meditation bleiben würde. Außerdem ist es in einem solchen

Fall sogar wahrscheinlich, beim nächsten Meditationsversuch wieder in dasselbe Loch zu geraten. Geht man dagegen durch Schattenbereiche hindurch, indem man einfach in Meditation bleibt, wird man sie mit der Zeit auflösen und so auch im täglichen Leben von ihrem Einfluß frei werden.

WAS GESCHIEHT BEIM MEDITIEREN?

In den sechziger Jahren machte der amerikanische Physiologe Robert Keith Wallace eine interessante Entdeckung: Bei der Überprüfung der elektrischen Gehirnaktivität während der Meditation ließ er die Daten vom Computer eines Instituts für Gehirnforschung auswerten. Die Rechneranlage meldete Erstaunliches: Bei der Meditation verliefen die Spannungsschwankungen im Gehirn auf einmalige Art und Weise. Wallace hatte damit einen vierten Bewußtseinszustand entdeckt. Bis dahin waren den Experten nur der Wach-, der Schlaf- und der Traumzustand bekannt gewesen. Diese drei Stadien hatte man zuverlässig mit Hilfe eines Elektroenzephalogramms (EEG) bestimmen können. Jetzt kam ein viertes Stadium hinzu, das kurz nach Beginn der Meditation durch eine Zunahme der Alpha-Wellen-Aktivität in den zentralen und frontalen Gehirnabschnitten gekennzeichnet war. Wallace sprach von einem »transzendentalen Zustand«.

Zum ersten Male kam man damals mit naturwissenschaftlichen Methoden den Veränderungen in Körper und Geist auf die Spur, die während der Meditationsphasen auftreten. Zwar sind die meisten Untersuchungen an Probanden vorgenommen worden, die mindestens drei Monate lang

Transzendentale Meditation betrieben hatten, aber einzelne Experimente mit christlicher Meditation, Zen und Yoga bestätigten die Ergebnisse. Es kann deshalb davon ausgegangen werden, daß die gerade beschriebenen Vorgänge in der Physiologie des Menschen unabhängig von der Meditationsart auftreten.

Aus der Schlaf- und Traumforschung wissen wir, daß in diesen beiden Bewußtseinszuständen wichtige Entstressungsvorgänge stattfinden und Belastungen des Tages verarbeitet werden können. Speziell in einer bestimmten Phase des Tiefschlafs, die pro Nacht etwa vier- bis fünfmal 20 Minuten lang auftritt, wird unser Gehirn sehr aktiv. Die Augäpfel bewegen sich plötzlich schnell hin und her, als ob sie ein imaginäres Ping-Pong-Spiel beobachteten. Die Schlafforscher nennen diese Phase REM-Phase. REM steht für *rapid eye movements* (schnelle Augenbewegungen).

Aus Versuchen weiß man, daß in diesen Phasen besonders heftig geträumt wird. Weckt man Versuchspersonen immer dann auf, wenn die REM-Phase eintritt, und verhindert damit ihr Träumen, werden die Probanden desorientiert, reizbar und krank.

Ähnlich scheinen auch meditative Zustände zu wirken. Sie sind dazu geeignet, tiefersitzende Streßerscheinungen zu lösen, und tragen dazu bei, Körper und Geist regelmäßig zu entspannen und zu regenerieren. Während des transzendentalen Zustandes geschieht allerdings wesentlich mehr als in der Traumphase. Die regelmäßigen Alpha-Wellen zeigen, daß unser Bewußtsein während der Meditation hellwach ist. Gleichzeitig sind wir jedoch auf dem meditativen Weg in unser inneres Zentrum vor Umweltreizen geschützt. Während im Wachzustand jede Störung sofort mit einer Blockade der Alpha-Wellen beantwortet wird, bleiben wir während der Meditation entspannt und gelassen. Umweltreize beeinflussen die elektrischen Gehirnaktivitäten kaum oder gar nicht.

Der konstante Alpha-Rhythmus breitet sich bereits wenige Minuten nach Beginn der Meditation über die zentralen und frontalen Gehirnabschnitte aus und hat dort eine harmonisierende Wirkung. Im Gleichklang der Alpha-Wellen (8–9-Hertz-Wellen) geschieht etwas, das von einigen Wissenschaftlern mit Erstaunen betrachtet wird: Die Schwingungen beziehen die gewöhnlich weniger aktive rechte Gehirnhälfte gleichmäßig mit ein. Plötzlich synchronisieren sich die Vorgänge in den beiden Hemisphären. Das ist wichtig, weil die bei uns stets dominierende linke Hemisphäre vor allem für das analytisch-logische Denken zuständig ist. Rechts dagegen laufen schöpferisch-abstrakte Prozesse ab, dort ist die Intuition, der Zugang zu feineren Bewußtseinsbereichen, lokalisiert.

Nach einer ganzen Reihe von Untersuchungen nimmt Dr. Bernhard Glueck vom amerikanischen *Hartford Institute for Living* an, daß sich während einer bestimmten Phase der Meditation mehrere Billionen Gehirnzellen aus der rechten Hemisphäre in das aktive Netzwerk zuschalten. Wenn diese Annahme zutreffend ist, kann damit die enorme Expansion der bewußten Wachheit und Verarbeitungsfähigkeit erklärt werden.

Interessant ist dieser Vorgang auch unter einem anderen Gesichtspunkt. Aus Untersuchungen des Neurochirurgen Wilder Penfield von der Universität Montreal wissen wir, daß unser Gehirn unendlich große Speicherkapazitäten besitzt. Wie bei einem lebenslänglichen Live-Mitschnitt werden dort alle Erfahrungen gesammelt, die wir jemals gemacht haben. Sämtliche Eindrücke sind irgendwo in unseren grauen Zellen festgehalten.

Unser Gehirn vergißt also prinzipiell nichts. Es kann lediglich vorkommen, daß wir bestimmte Erinnerungen nicht mehr abrufen können, weil sie in momentan unzugänglichen Regionen unseres Gehirns archiviert sind. Teilweise haben wir diese Informationen absichtlich dort versteckt, weil ihr Erinnerungsinhalt für uns unangenehm oder angstauslösend ist; teilweise sind sie aber auch ohne unser Zutun dort gelandet. Der innerhalb unseres Gehirns Barrieren lösende Effekt der gleichförmigen Alpha-Wellen erklärt deshalb auch, warum wir in der Meditation in der Lage sind, alte Stresse wahrzunehmen und zu lösen.

Während unser Gehirn bei der Meditation nachweislich der EEG-Messungen hellwach ist, treten ansonsten nachhaltige Entspannungsphänomene auf:

– Sauerstoffverbrauch und Stoffwechselrate sinken um bis zu 20 Prozent. Das sind höhere Entspannungswerte, als sie gemeinhin beim Schlaf auftreten.

– Der Hautwiderstand steigt um bis zu 500 Prozent, was bedeutet: Wir sind angst- und streßfrei.

– Die Herzfrequenz sinkt um durchschnittlich fünf Schläge pro Minute. Das Herz wird also weniger beansprucht.

Noch nicht gesichert, aber höchst wahrscheinlich ist die Annahme, daß während der Meditation weniger Adrenalin in die Blutbahn gepumpt wird. Adrenalin gilt als Angsthormon. Je weniger davon in unserem Blut vorhanden ist, desto angstfreier und gelassener sind wir. Übereinstimmend dagegen ergaben alle Tests der Körperreaktionen von Menschen während der Meditation einen hohen Grad der Entspannung bei absoluter Wachheit und eine bemerkenswerte Freiheit von allen Angst-Symptomen.

Parallel zu den physiologischen Forschungen haben Psychologen Modelle entwickelt, mit deren Hilfe sie beschreiben können, was während der Meditation auf der geistig-seelischen Ebene geschieht. Entscheidend ist für die Experten der Lösungsvorgang, welcher in der meditativen Phase abläuft. In einer Situation der Entspannung und des deutlich erweiterten Bewußtseins gehen wir ziellos auf die Suche nach alten, oft tief in uns verkapselten Ängsten. Wir bewegen uns dabei von außen in Richtung Mitte, auf unser innerstes Zentrum zu.

Im Gegensatz zu vielen psychotherapeutischen Verfahren werden bei der Meditation diese alten Konflikte und Probleme nicht vergrößert und oft gewaltsam nach außen gebracht, sondern unser Wahrnehmen wird verfeinert. Wir arbeiten in uns selbst und sind von Meditation zu Meditation immer besser in der Lage, immer feinere Reize zu erkennen. Doch ist das ein sehr behutsamer Prozeß. Auf dem Weg zu unserem Zentrum werden mit Hilfe der Meditation immer nur so viele alte Konflikte geortet und bearbeitet, wie wir gerade ertragen können. Dazu kommt ein noch nicht bewiesener, aber häufig berichteter Vorgang: Je tiefer wir in unser wahres Wesen eindringen, desto häufiger erreichen wir höchst angenehme Regionen des Wohlbefindens.

»ZIEL« DER MEDITATION

Meditation ist ein Weg tief in unser Inneres, in unsere Mitte. Wer sich auf diesen Pfad der Erkenntnis begibt, passiert alle inneren Schranken und beschäftigt sich im Vorübergehen mit alten, verkapselten Konflikten. Gleichsam *en passant* werden diese Konflikte gelöst. Das ist aber nicht das eigentliche Ziel von Meditation, sondern eine kurzfristig betrachtet gelegentlich schmerzhafte, auf lange Sicht gesehen jedoch immer wohltuende Begleiterscheinung. Das wahre Ziel der Meditation liegt ein ganzes Stück tiefer in uns und ist in Worten nur unangemessen zu beschreiben. Sie ist ein Weg, der zur Befreiung aus den Fesseln der Polarität führen kann.

Wir leben, abgesondert von der Einheit, in einer Welt der Gegensätze, die uns innerlich zu zerreißen droht. Aber wir ahnen eine kosmische Gesetzmäßigkeit, eine alles umfassende Einheit, und nennen sie ›Gott‹. Das ist keine Glaubensfrage, sondern lediglich ein Symbol für einen Zustand, den wir nicht in Worte fassen können.

Über die Meditation können wir wieder eine Rückverbindung zu diesem Unbeschreiblichen, zum kosmischen Bewußtsein, zum Urgrund allen Lebens herstellen.

»Erst aus dem Wissen um den Ursprung«, schreibt Thorwald Dethlefsen, »kann der Mensch sein Ziel erkennen. Das Ziel ist Vollkommenheit. Vollkommenheit ist Ausdruck der Einheit. Die Einheit nennen wir Gott.«

Wenn wir auf dem meditativen Weg in unser Innerstes die Grenzen zwischen Wachbewußtsein und Unterbewußtsein hinter uns lassen, nähern wir uns einem Gefühl der Entspannung, Geborgenheit, Zufriedenheit, des Glücks, der Wohligkeit. Schließlich verlieren wir sogar das Gefühl der eigenen Identität. Wir sind kein ›Ich‹ mehr, das stets zweckgerichtet agiert und sich gegen alles, was außerhalb des ›Ich‹ ist, abzugrenzen bemüht. Wir verlassen mit einemmal unser gewohntes Bewußtsein und geraten in einen Zustand der allumfassenden, unbegrenzten und immerwährenden Bewußtheit. Einen solchen Zustand bezeichnen wir als ›Transzendenz‹. Es gibt keinen Zweifel daran, daß diese Bewußtheit erreichbar ist. Viele Menschen aus verschiedenen Kulturen haben im Laufe der Menschheitsgeschichte Transzendenz erreicht. Ihre Beschreibungen sind stets sehr subjektiv, ähneln sich aber auf erstaunliche Art und Weise.

Der amerikanische Psychologe Abraham Maslow hat diesen Zustand als »Gipfelerlebnis« bezeichnet, in dem eine Seins-Motiviertheit im Gegensatz zur alltäglichen Defizit-Motiviertheit auftritt. Letztere führt dazu, jedem Handeln einen Zweck zu geben. Wir essen, um satt zu werden, wir joggen, um fit zu bleiben, wir lieben, um unsere sexuellen Spannungen abzubauen. Wir tun alles, um unsere Bedürfnisse zu befriedigen.

Im Zustand der Transzendenz dagegen herrscht das Gefühl, zufrieden zu sein. Alle Bedürfnisse sind erfüllt. Wir handeln nicht mehr, um ein Defizit auszugleichen, sondern um der Handlung willen. Wir bewerten nicht mehr, sondern akzeptieren. Wir sind wir.

Maslow hat auf verschiedene Arten versucht, den Gipfelzustand der Transzendenz zu beschreiben, und bezeichnet die dabei auftretende Art der Bewußtheit als S-Wahrnehmung oder S-Erkenntnis:

»1. Im S-Erkennen wird das Wahrnehmungsobjekt als Ganzes und als Einheit wahrgenommen, unabhängig von dessen Nützlichkeit und Angemessenheit.

 2. Im S-Erkennen füllt das Wahrnehmungsobjekt die Aufmerksamkeit so vollständig aus, daß es daneben nichts auf der Welt zu geben scheint.

 3. Der Erkenntnisgegenstand wird losgelöst von den eigenen Bedürfnissen wahrgenommen. So ist dann die Natur für sich selbst da und nicht ein menschlicher Spielplatz, für menschliche Zwecke eingerichtet.

 4. Während die normale Wahrnehmung nach einiger Zeit gesättigt wird, wird die S-Wahrnehmung bei wiederholter Wahrnehmung immer faszinierender.

 5. Wahrnehmung in den Grenzerfahrungen ist Ich-transzendierend, Selbst-vergessen, Ich-

los, sie ist unmotiviert, unpersönlich, wunschlos, selbstlos, bedürfnislos.

6. Die Grenzerfahrung wird als sich selbst bestätigender, sich selbst rechtfertigender Augenblick empfunden, der seinen eigenen inneren Wert in sich trägt. Das bedeutet, daß sie ein Zweck an sich ist.

7. In Grenzerfahrungen besteht eine charakteristische Desorientierung in Zeit und Raum.

8. Alles wird als gut, wünschenswert und sinnvoll wahrgenommen. Das, was ist, wird akzeptiert, wie es ist, wird nicht verglichen und gewertet.

9. Grenzerfahrungen sind eine absolute Erfahrung und verhältnismäßig unabhängig vom individuellen wie auch kulturellen Bezugsrahmen.

10. S-Erkennen ist mehr passiv und rezeptiv als aktiv.

11. Die emotionelle Reaktion bei Grenzerfahrungen hat einen besonderen Beigeschmack des Wunders, der Scheu, der Ehrfurcht, der Bescheidenheit und der Auslieferung an die Erfahrung als an etwas Großes.

12. Die ganze Welt wird als Einheit wahrgenommen.

13. Die Wahrnehmung ist ungefiltert durch Kategorien und damit konkreter und einzigartiger.

14. In Grenzerfahrungen werden viele Dichotomien (= Zweiteilungen), Polarisierungen und

Konflikte verschmolzen, transzendiert oder aufgelöst. Man ist gleichzeitig egoistisch und selbstlos, dionysisch und apollinisch, individuell und sozial, rational und irrational, mit anderen eins und von anderen distanziert.

15. Der Mensch ist auf dem Gipfel seiner Grenzerfahrung gottähnlich, besonders in der vollständigen, liebenden, nicht verdammenden, mitempfindenden und vielleicht erfreuten Akzeptierung der Welt und des Menschen.

16. Die Wahrnehmung ist idiographisch (= einmalig) und nicht klassifizierend.

17. In der Grenzerfahrung geschieht ein vollständiger, wenn auch nur augenblicklicher Verlust von Angst, Furchtsamkeit, Hemmung, Abwehr und Kontrolle – eine Preisgabe des Verzichts, des Zögerns und der Zurückhaltung.

18. Es scheint eine Art dynamischer Parallelismus oder Isomorphismus (= Gleichklang) zwischen dem Innen und dem Außen zu bestehen. Wenn man das wesentliche Sein der Welt wahrnimmt, kommt man gleichzeitig seinem eigenen Sein näher.

19. Es entsteht eine Fusion von Ich, Es, Über-Ich und Ich-Ideal, des Bewußten, Unbewußten und Vorbewußten, der Primär- und Sekundärprozesse, eine Synthese des Lustprinzips mit dem Realitätsprinzip, eine gesunde Regression ohne Angst im Dienst der größeren Reife, eine echte Integration der Person auf allen Ebenen.«

Dieses erweiterte Bewußtsein, die Transzendenz oder kosmisch-mystische Erfahrung, hat auch Walter Pahnke auf der Grundlage psychedelischer Forschung beschrieben. Er hat dafür neun Kategorien verwendet:

Kategorie 1 – Einheit: Es entstehen zwei Formen der Einheit. Eine interne Einheit, in der die gewöhnlichen Sinneseindrücke verloren gehen, die persönliche Identität sich auflöst, aber dennoch das Bewußtsein des Einsseins oder der Einheit erfahren wird. Walter Pahnke: »Man ist nicht bewußtlos, sondern vielmehr einer undifferenzierten Einheit sehr wohl gewahr.« Über die Sinnesorgane wird eine externe Einheit wahrgenommen. Zwar weiß man, daß man von der Umwelt getrennt ist, gleichzeitig ist aber die Trennung zwischen innen und außen nicht mehr relevant. Alles ist eins. »In der vollkommensten Erfahrung fühle man eine kosmische Dimension, so daß die Versuchsperson sich in einem tiefen Sinne als Teil des Seins empfindet.«

Kategorie 2 – Transzendenz von Zeit und Raum: Das gewöhnliche Gefühl für Zeit und Raum geht im Zustand der Transzendenz verloren. Walter Pahnke: »Erlebnisse des Verlustes von Zeit und Raum können auch beschrieben werden als Erlebnisse von ›Ewigkeit‹ und ›Unendlichkeit‹.«

Kategorie 3 – Tiefempfundene positive Stimmung: Im Zustand des kosmisch-mystischen Bewußtseins machen sich Empfindungen von Freude, Begnadung, Friede und Liebe breit. Walter Pahnke schreibt dazu: »Solche Gefühle können sowohl auf der Höhe des Erlebens auftreten als auch während des ›ekstatischen Nachglühens‹, wenn der Höhepunkt überschritten ist, seine Wirkungen und die Erinnerungen daran aber noch sehr lebendig und intensiv sind.«

Kategorie 4 – Gefühl der Heiligkeit: Es entsteht ein Gefühl der Heiligkeit. Walter Pahnke: »Der Grundcharakter der Heiligkeit ist eine nicht-rationale, intensive, schweigende, pochende Antwort des Staunens, des Sich-Wunderns in der Gegenwart inspirierender Realitäten.«

Kategorie 5 – Objektivität und Realität: In der Transzendenz wird eine letztgültige Realität erfahren, die wirklich ist. Sie unterscheidet sich von der gewöhnlichen Realität, vom alltäglichen Bewußtsein. Obwohl sie nicht auf der Ebene des Verstandes bewiesen ist, wird sie als autoritativ angesehen und gilt als objektive Wahrheit. Walter Pahnke: »Den Inhalt dieses Wissens kann man in zwei Haupttypen einteilen. Einsicht in Sein und Wesen im allgemeinen. Und Einsicht in das eigene begrenzte Selbst.«

Kategorie 6 – Paradoxie: Die Erfahrungen des Zustandes sind einander widersprechend. Gleichzeitig erlebt man eine leere und eine vollständige, volle Einheit, die Auflösung der Individualität und ein individuelles Erleben der Einheit. »Das Ich existiert und existiert doch nicht.«

Kategorie 7 – Angebliche Unaussprechlichkeit: Mystische Erfahrungen können nicht ausreichend oder überhaupt nicht beschrieben werden. Walter Pahnke: »Der Grund dafür ist vielleicht die Verlorenheit der Sprache angesichts der paradoxen Natur der wesentlichen Phänomene.«

Kategorie 8 – Flüchtigkeit: Mystische Erfahrungen sind vergänglicher als gewöhnliche Erfahrungen. Die Erlebnisse aus der Transzendenz verschwinden bald und machen dem Gewöhnlichen wieder Platz. Walter Pahnke: »Der Charakter des Flüchtigen zeigt an, daß der mystische Bewußtseinszustand nicht dauernd aufrechterhalten werden kann.«

Kategorie 9 – Anhaltende positive Veränderungen in Einstellung und Verhalten: Trotz ihrer Flüchtigkeit haben transzendentale Zustände positive Folgen. Aus ihren Wirkungen entsteht ein tiefgreifender Wandel der Einstellungen, der sich auch in den Phasen zwischen den meditativen Übungen bemerkbar macht.

Die Einstellung sich selbst gegenüber ändert sich. Walter Pahnke: »Der grundlegende innere Wandel im persönlichen Selbst besteht in einer stärkeren Integration der Persönlichkeit. Man kann unerwünschten Charaktereigenschaften ins Auge sehen, so daß sie bewältigt und schließlich reduziert oder eliminiert werden können.«

Die Einstellung und das Verhalten anderen gegenüber verändert sich. Das führt nach Walter Pahnke »zu größerer Sensibilität, mehr Toleranz, mehr wirklicher Liebe, mehr Echtheit der Person, dadurch, daß der Mensch sich anderen und sich selbst gegenüber mehr öffnet«.

Die Einstellung dem Leben gegenüber verändert sich. Pahnke: »Es kommt zu Verbesserungen des Lebensgefühls in bezug auf Weltanschauung, Ethik, berufliches Engagement, Notwendigkeit des Dienstes für andere und zu einer neuen Wertschätzung des Lebens für andere und der ganzen Schöpfung.«

Die Einstellung mystischen Erlebnissen gegenüber wandelt sich. Pahnke: »Positive Einstellung gegenüber der mystischen Erfahrung selbst bedeutet, daß diese als wertvoll angesehen wird und daß die Ergebnisse als nützlich erachtet werden.«

Diese Erleuchtungserlebnisse stehen allerdings ganz am Ende einer langen meditativen Praxis. Sie werden individuell sehr unterschiedlich erlebt und noch unterschiedlicher beschrieben. Der deutsche Physiker und Philosoph Carl Friedrich von Weizsäcker begnügte sich damit, seine Erfahrung mit einem einzigen Satz zu beschreiben: »Das Wissen war da, und in einer halben Stunde war alles geschehen.« Weizsäcker hatte das Erlebnis in Indien, am Grab des Maharishi im indischen Tiruvanamalli. Er erläuterte seine Sprachlosigkeit in einem

Interview so: »Spricht man darüber, dann wird sich doch herausstellen, daß alle diese Vokabeln irreführend sind, wahrscheinlich irreführender, als wenn man darüber schlicht schweigt.«

Gelegentlich brechen allerdings einige Erleuchtete das Schweigen und versuchen in Worte zu fassen, was nicht in Worte gefaßt werden kann, weil das Erlebnis der Transzendenz so singulär ist. Der indische Yogi und Meditationslehrer Pandit Gopi Krishna hatte nach 17 Jahren täglicher Meditation sein kosmisch-mystisches Schlüsselerlebnis. Hier sein Bericht:

»Eines Morgens, Weihnachten 1937, saß ich mit gekreuzten Beinen im Zimmer eines kleinen Hauses in der Umgebung von Jammu, der Winterhauptstadt des Staates Jammu und Kashmir in Nordindien. Ich meditierte, das Gesicht zum Fenster nach Osten gewendet. Die ersten grauen Strahlen der langsam sich erhellenden Morgenröte fielen in das Zimmer. Durch lange Übung war ich daran gewöhnt, stundenlang in der gleichen Stellung zu sitzen ohne die geringste Unbequemlichkeit, und ich saß da, atmete langsam und rhythmisch, richtete meine Aufmerksamkeit auf den obersten Teil meines Kopfes und versenkte mich in eine imaginäre Lotusblüte, die dort in hellem Licht erstrahlte.

Ich saß unbewegt und aufrecht. Ohne Unterbrechung strömten meine Gedanken zu dem leuchtenden Lotus hin in der festen Absicht, meine Aufmerksamkeit dort zu halten, vom Abschweifen zu bewahren und sie immer wieder zurückzubringen, wenn sie sich in einer anderen Richtung bewegte. Die Intensität der Konzentration unterbrach meinen Atem, langsam wurde er so still, daß er kaum mehr wahrnehmbar war. Mein ganzes Wesen war so sehr in den Lotus eingetaucht, daß ich für mehrere Minuten hintereinander die Berührung mit meinem Körper und meiner Umgebung verlor. Während einer solchen Unterbrechung – für einen Augenblick – war es mir, als ob ich mitten in der Luft ohne irgendein Körpergefühl schwebte. Das einzige, dessen ich gewärtig wurde, war ein Lotus in hellem Glanz, der Strahlen von Licht aussandte… Die Empfindung wuchs an Intensität, und ich fühlte, wie ich zu schwanken begann. Mit großer Mühe konzentrierte ich mich wieder auf den Lotus. Plötzlich fühlte ich einen Strom flüssigen Lichts, tosend wie ein Wasserfall, durch meine Wirbelsäule in mein Gehirn eindringen.

Ganz unvorbereitet auf ein solches Geschehen, war ich völlig überrascht. Ich blieb in derselben Stellung sitzen und richtete meine Gedanken auf den Punkt der Konzentration. Immer strahlender wurde das Leuchten, immer lauter das Tosen. Ich hatte das Gefühl eines Erdbebens, dann spürte ich, wie ich aus meinem Körper schlüpfte, in eine Aura von Licht gehüllt. Es ist unmöglich, dieses Erlebnis genau zu beschreiben… Ich war nicht mehr ich selbst, oder genauer: nicht mehr, wie ich mich selber kannte, ein kleiner Punkt der Wahrnehmung, in einen Körper eingeschlossen. Es war vielmehr ein unermeßlich großer Bewußtseinskreis vorhanden, in dem der Körper nur einen Punkt bildete, in Licht gebadet und in einem Zustand der Verzückung und Glückseligkeit, der unmöglich zu beschreiben ist.

Nach einer Weile – wie lange es gedauert hat, wüßte ich nicht zu sagen – begann der Kreis wieder enger zu werden. Ich fühlte, wie ich mich zusammenzog und immer kleiner wurde, bis ich der Grenzen meines Bewußtseins erst dumpf, dann klarer bewußt wurde. Als ich in meine alte Beschaffenheit zurückschlüpfte, nahm ich plötzlich wieder den Lärm auf der Straße wahr, fühlte ich wieder meine Arme, meine Beine und meinen Kopf, und wurde wieder mein enges Selbst in Kontakt mit Körper und Umgebung. Als ich meine Augen öffnete und um mich blickte, fühlte ich mich ein wenig schwindelig und verwirrt, als ob ich aus einem seltsamen Land zurückkehrte, das mir ganz fremd gewesen war.«

Ein letztes Zitat soll den Versuch der Beschreibung beschließen. Es stammt von Claudio Naranjo vom *Esalen Institut*: »Die Erkenntnis der Einheit, welche die ganze Tiefe des Meditationszustandes ausmacht und die durch die Mystiker aller Länder beschrieben wurde, beinhaltet mehr als das Verschmelzen von Ich und Du. Es ist das Erkennen der Einheit in allen Dingen und Wesen. Monotheistisch formuliert ist alles Ausdruck des einen Gottes, pantheistisch ausgedrückt ist es die Erfahrung, daß alles Gott ist.«

DIE PRAXIS
DER
MEDITATION

In diesem Abschnitt beginnen wir nach all der (notwendigen) Theorie mit der Meditationspraxis. Zunächst geht es um die allgemeinen Voraussetzungen. Wir beschäftigen uns mit dem Ort und der Umgebung, die am besten dazu geeignet sind, Sie in einen meditativen Zustand zu versetzen, schildern die grundsätzliche Bedeutung einer bewußten Form der Atmung, der Haltung und der inneren Einstellung, und erklären, wie Sie sich vorbereiten, entspannen sollten, wie Sie mit der Meditation beginnen und schließlich die Versenkung erreichen können.

DIE UMGEBUNG

Es ist nicht notwendig, die gewohnte Umgebung zu verlassen, sich in ein Kloster oder in die Einsamkeit der Berge zurückzuziehen, um den Weg der Meditation zu gehen. Oft wird so etwas nur als Fluchtvorwand gebraucht. Früher oder später muß man aber wieder zurück in die Welt, um dort seine Aufgaben zu erfüllen. Wir empfehlen Ihnen deshalb, von vornherein erst mal hier zu bleiben. Meditation ist kein Fluchthelfer in eine »bessere« Welt, sondern die Beschäftigung mit sich selbst. In die Meditation nehmen Sie sich immer mit.

Der tibetanische Religionsführer Tschögyam Trungpa sagt: »Wenn man imstande ist, die romantische und emotionale Einstellung zu überwinden, dann entdeckt man die Wahrheit selbst am Spültisch.« Trotz dieser Aussage ist die Küche gemeinhin nicht der optimale Ort, mit Meditation zu beginnen. Um die geeignete Umgebung zu finden, sollten Sie sich Zeit nehmen. Versuchen Sie, Ihre Wohnung, Ihre ganz normale tägliche Wohnsituation bewußt wahrzunehmen. Wählen Sie eine ruhige Tageszeit und entspannen Sie sich. Vielleicht legen Sie Ihre Lieblingsschallplatte auf oder hören eine Kassette, die Sie besonders gern mögen. Gehen Sie durch Ihre Wohnung und formulieren Sie, ohne eine Pause zu machen, was Sie in jedem Moment bei diesem Streifzug durch Ihre eigenen vier

Wände empfinden und wahrnehmen. Sagen Sie leise vor sich hin: »Jetzt empfinde ich... Jetzt nehme ich wahr... Jetzt spüre ich...« Kommentieren Sie Ihre Empfindungen und Wahrnehmungen nicht, sondern stellen Sie lediglich wertfrei fest, was momentan in Ihnen geschieht.

Auf diese Art und Weise werden Sie nach einiger Zeit Plätze in Ihrer Wohnung finden, die Ihnen weniger sympathisch sind. Sie werden aber auch Stellen entdecken, die Sie besonders gern mögen. Ihr Lieblingsplatz sollte zum Ort Ihrer meditativen Übungen werden. In diesem Eck haben Sie das ganz starke Gefühl: Das ist *mein* Platz. Hier fühle ich mich wohl.

Diese Stelle sollten Sie künftig, wenn möglich, nur für Ihre Meditation benutzen – und für sonst nichts.

Wenn Sie diesem Verfahren folgen, werden Sie automatisch einen Bereich in Ihrer Wohnung auswählen, der ruhig ist und in dem Sie ungestört sind. Sorgen Sie dafür, daß Sie diesen Raum während der Meditation verdunkeln können. In den ersten Wochen meditativer Übungen erleichtert es Ihnen den Weg in die Versenkung, wenn Sie von Außenreizen nicht gestört werden. Später spielt die visuelle wie akustische Umgebung nicht mehr eine so große Rolle. Dann können Sie auch am besagten Spültisch oder in der U-Bahn auf dem Weg zu Ihrer Arbeitsstelle meditieren.

Hilfreich ist es auch, wenn Sie sich an Ihrem Meditationsort eine ganz besondere Atmosphäre schaffen und ein eigenes Meditationsritual entwickeln. Vielleicht tragen Sie zur Meditation immer eine besondere Kleidung, die Sie nicht einengen sollte. Manche Menschen legen an ihrem Meditationsort einen bestimmten Teppich aus, der nur zur Meditation verwendet wird. Wenn Sie Räucherstäbchen mögen, sollten Sie sich nicht scheuen, ein solches zu entzünden.

Meditieren Sie immer zur gleichen Zeit. Sie haben im ersten Teil dieses Buches schon gelesen, wie wichtig ein bestimmter Rhythmus für das Leben ist. Versuchen Sie, durch den Termin Ihrer täglichen Meditation einen derartigen Rhythmus herzustellen.

DIE HALTUNG

Meditation harmonisiert Körper und Seele. Sie baut psychische und körperliche Spannungen ab und erschließt neue Bewußtseinsebenen. Im Unterschied zur Schulmedizin und zu vielen psychotherapeutischen Methoden hat Meditation einen ganzheitlichen Ansatz. Voraussetzung und Ziel ist ein einheitliches Bewußtsein.

Vor allem westliche Menschen haben oft Schwierigkeiten, sich von ihrem polarisierten Denken und Verhalten zu lösen. Wir sind vom Intellekt geprägt und kopflastig. Körper und Gefühl sind verspannt. Diese Verspannungen summieren sich zu einem persönlichkeitseinschränkenden Komplex, der es schwierig macht, ins Zentrum des eigenen Wesens vorzustoßen.

Weil die Meditationstheorie davon ausgeht, daß sich physische und psychische Funktionen ununterbrochen beeinflussen, begnügt sie sich nicht damit, lediglich seelische Prozesse in Gang zu setzen. Ein wesentlicher Bestandteil aller Meditations-Methoden beschäftigt sich auch mit dem Körper. Ziel dieser Körperarbeit ist eine Entkrampfung und die Suche nach dem persönlichen Schwerpunkt. Die Experten sprechen davon, ein neues Körperbewußtsein zu fördern. Dieses neue Körperbewußtsein hat wichtige Funktionen im Vorfeld meditativer Übungen. Wir stellen Ihnen im folgenden einige Methoden vor, mit deren Hilfe Sie Ihren Körper neu kennenlernen, sich des Körpers bewußt werden, Ihren natürlichen Schwerpunkt finden und auf dieser Grundlage körperliche Verspannungen lösen können. Probieren Sie einige dieser Übungen an dem von Ihnen gewählten Meditationsort aus. Konzentrieren Sie sich dabei ausschließlich auf die gewählte Übung. Vergangenheit und Zukunft haben keine Bedeutung mehr für Sie. Sie befinden sich in der Gegenwart – und nirgends sonst. Arbeiten Sie so lange an den einzelnen Übungen, bis Sie das Gefühl haben, Ihren Körper zu kennen.

1. Übung: Einheit

Unbewußt empfinden viele Menschen ihren Körper nicht als Einheit. Er hört gleichsam am Nabel auf und beginnt erst wieder am Knie. Die Zone dazwischen, der Unterleib mit den Sexualorganen, ist uns unheimlich und wird nicht akzeptiert.
Ziel der ersten Körperübung ist es, diese Teilung in einem mentalen Trainingsprogramm aufzuheben. Wir setzen uns dabei entspannt auf einen Stuhl oder in einen Sessel. Dann richten wir unsere Aufmerksamkeit auf den Kopf. Wir schlüpfen mit unserer Konzentration gleichsam unter die Schädeldecke. In Gedanken sind wir unser Kopf. Dabei summen wir unhörbar den höchsten Vokal, das ›i‹.

Wir gleiten nun mit unserer Aufmerksamkeit den Körper hinunter. Dabei gehen wir sehr konzentriert und langsam vor. Wenn wir den Hals, also den Übergang vom Kopf zum Körper, erreichen, summen wir das ›e‹. Sobald wir unsere Aufmerksamkeit in der Brust konzentrieren, denken wir ein offenes ›a‹. Wir gleiten tiefer und richten unsere Aufmerksamkeit auf den Magen mit dem korrespondierenden Vokal ›o‹. Schließlich erreichen wir unsere Geschlechtsorgane und denken ein tiefes ›u‹. Anschließend kehren wir in Gedanken zurück in den Kopf und beginnen die langsame und konzentrierte Erkundungsreise durch unseren Körper erneut. Wiederholen Sie diese Übung mehrmals.

2. Übung: Schwerpunkt

In der japanischen Sprache wird der körperliche Schwerpunkt des Menschen mit dem Wort ›Hara‹ bezeichnet. Hara bedeutet aber auch im übertragenen Sinn das Zentrum der Persönlichkeit.

Die zweite Übung ist eine Hara-Übung. Durch sie soll uns der eigene Schwerpunkt bewußt werden. Wir stellen uns dazu breitbeinig, kräftig und gerade hin. Die Arme lassen wir lose hängen. Unser Blick ist ins Unendliche gerichtet. Wir lenken unser Bewußtsein zuerst in die Füße, also dorthin, wo wir mit der Erde in Kontakt sind, und werden aufmerksam auf das, was wir mit den Füßen fühlen. Wir spüren unser Gewicht, die Belastung auf Fersen und Ballen, und fühlen, daß unser ganzer Körper auf den Füßen ruht.

Anschließend horchen wir auf unseren Atem und fühlen seinen Rhythmus: das Einatmen, das Ausatmen, das Kommen und Gehen. Wir geben uns diesem Rhythmus hin und werden zu diesem Rhythmus. Dann nutzen wir den Beginn der Ausatem-Phase, um uns in den Schultern zu entspannen. Beim Ausatmen lösen wir die Muskelkontraktionen und lassen unsere Schultern locker hängen. Wir drücken sie nicht bewußt nieder, sondern lassen los – ebenso, wie wir ganz entspannt die verbrauchte Atemluft aus unseren Lungen lassen. Am Ende der Ausatem-Phase verwenden wir die lösende Energie des Atemrhythmus, um uns auch im Becken zu entspannen. Wir lösen alle Muskelkontraktionen und lassen uns innerlich im Becken nieder. Dabei werden wir feststellen, daß dieses Loslassen nicht so einfach ist, wie es klingt. Viele Menschen sind im Becken-Bauch-Bereich und im Gesäß chronisch verspannt. Offenkundig fürchten wir uns vor der Entspannung, was häufig ein Zeichen der Angst und der Verdrängungen ist.

Im zweiten Übungsschritt versuchen wir nun, beim Ausatmen die Lockerungsphasen von Schultern und Becken harmonisch ineinanderfließen zu lassen. Wir atmen ein und spüren die neue Energie, die uns eine angenehme Spannung gibt. Wir atmen aus und lösen dabei diese Spannung, bis wir zu einer tiefen Gelassenheit in der Lage sind. Schließlich fühlen wir uns breit verwurzelt in der Erde, gleichsam als Pyramide, die sicher und fest steht und sich nach oben verjüngt. Wiederholen Sie diese Hara-Übung an mehreren Tagen hintereinander, bis Sie das Gefühl haben, sich innerlich an den Schultern und im Becken-Raum völlig entspannt lösen zu können.

3. Übung: Lotos-Sitz

Bei fast allen Meditationsübungen sitzen wir. Wir suchen unseren Körperschwerpunkt und richten Wirbelsäule und Kopf in einer geraden Linie über diesem Schwerpunkt auf. Am geeignetsten für diese korrekte und meditationsfördernde Haltung ist für westliche Menschen der sogenannte »gemilderte Lotos-Sitz«. Wir setzen uns auf ein ca. 10 cm hohes Kissen, ohne uns anzulehnen. Dabei sitzen wir so weit vorn, daß die Knie etwas tiefer sind als der Sitz. Wir öffnen die Knie locker nach außen. Die Beine kreuzen wir nahe den Knöcheln, so daß die Außenränder der Füße den Boden berühren. Die Hände legen wir wie zwei Schalen im Schoß übereinander, die rechte in die linke. Die Handgelenke ruhen auf den Oberschenkeln, die Handkanten berühren den Unterleib. Die Daumen sind aufgerichtet, ihre Spitzen aneinandergelegt. Jetzt rekken und strecken wir den Oberkörper hoch auf. Dann lassen wir ihn leicht in Richtung der Schwerkraftlinien in die Hüften sinken. Das ist ein ganz entspannter Vorgang, bei dem kein gekrümmtes Rückgrat entstehen darf.

Den Oberkörper lassen wir anschließend leicht in alle Richtungen pendeln und kreisen, bis wir spüren: Jetzt sitzt der Schwerpunkt genau über dem Stützpunkt. Wir sind im Gleichgewicht, der Oberkörper balanciert mühelos. Wir öffnen die Augen nur halb und blicken auf einen etwa 150 Zentimeter entfernten Punkt auf dem Boden.

Diese Übung sollten Sie mehrere Tage lang jeweils morgens und abends fünf Minuten lang trainieren. Versuchen Sie, sich dabei völlig zu entspannen und ganz locker und bewegungslos im Lotos-Sitz zu bleiben. Beenden Sie diese Übung – wie später auch jede Meditation – nie abrupt. Atmen Sie am Ende der fünf Minuten einmal tief ein und aus. Bewegen Sie Kopf und Hals, dann die Schultern, während alles andere ruhig bleibt. Öffnen Sie jetzt Ihre verkreuzten Füße, und lösen Sie die ineinandergelegten Hände. Dann öffnen Sie die Augen, stehen auf und kehren wieder in Ihren Alltag zurück. Versuchen Sie nun aber, die im Lotos-Sitz erfahrene Ruhe auch auf Ihr normales Leben zu übertragen. Seien Sie gelöst, entspannt und gelassen.

Alternativen zum Lotos-Sitz

Wenn Sie sich im oben geschilderten gemilderten Lotos-Sitz nicht besonders wohl fühlen, gibt es verschiedene Alternativen zu ihm. Eine Meditationshaltung soll nie gezwungen sein, sonst kann sie ihre Wirkung nicht erzielen. Im folgenden stellen wir Ihnen einige weitere Sitzpositionen vor.

Der ägyptische Sitz: Sie sitzen auf einem Stuhl. Die Füße stehen aber nebeneinander fest auf dem Boden, die Knie bleiben zusammen, Ihre Hände legen Sie mit der Handfläche auf die Oberschenkel. Wie beim Lotos-Sitz richten Sie Rückgrat und Kopf über dem Körperschwerpunkt auf. Die Nasenspitze befindet sich senkrecht über dem Bauchnabel.

Wenn Sie gern im *Schneidersitz* meditieren wollen – es spricht nichts dagegen. Voraussetzung ist allerdings, daß Sie eine so stabile Haltung finden, daß Sie nicht nach hinten überkippen. Auch beim Schneidersitz muß der Oberkörper entspannt aufgerichtet sein und ganz im Körperschwerpunkt ruhen.

Einige Leute beherrschen den *echten Lotos-Sitz.* Dabei sitzt man auf einem flachen Kissen. Der rechte Fuß der verschränkten Beine liegt auf dem linken Oberschenkel, der linke Fuß auf dem rechten Oberschenkel. Die Hände sind wie beim gemilderten Lotos-Sitz im Schoß ineinandergelegt, der Oberkörper aufgerichtet. Die halbgeschlossenen Augen richten sich auf einen Punkt auf dem

Boden, der etwa einen Meter entfernt ist. Erfahrungsgemäß ist der echte Lotos-Sitz für meditative Übungen sehr gut geeignet. Er muß aber korrekt ausgeführt werden, wobei besonders auf die aufrechte Haltung des Oberkörpers geachtet werden soll.

Eine besonders entspannende Sitzhaltung ist der *Fersensitz*. Dabei kniet man auf einer Decke und läßt sich nach hinten hinunter, bis man auf den eigenen Fersen sitzt. Die Außenseiten der Fußknöchel sollen dabei flach auf dem Boden liegen, die großen Zehen sich berühren. Der Oberkörper muß aufgerichtet sein.

Grundsätzlich ist es ungünstig, wenn Sie beim Meditieren *liegen*. Die vorher geschilderten Sitzhaltungen sind eine erprobte Kombination, um im Körper ein Gleichgewicht aus Entspannung und positiver Spannung zu erreichen. Wenn wir dagegen liegen, besteht die Gefahr, während der Meditationsphase einzudösen. In einigen wenigen Meditationen und bei Imaginationen wird aber dennoch aus bestimmten Gründen das Liegen empfohlen. Wir weisen dann gesondert darauf hin.

4. Übung: Verlagern des Schwerpunkts

Setzen Sie sich dazu in der von Ihnen als am geeignetsten empfundenen Position nieder und sammeln Sie Ihre Aufmerksamkeit im Kopf – genau an der Stelle, mit der Sie denken: im Gehirn. Versuchen Sie, Ihr Gehirn zu fühlen, die beiden Hälften, die Nervenverbindungen. Machen Sie sich das ganz bewußt, bevor Sie Ihre Aufmerksamkeit langsam wie einen rinnenden Tropfen dicken Öls durch den Hals bis zur Brust hinuntergleiten lassen. Verharren Sie dort mit Ihrer Konzentration. Nehmen Sie Ihre Brust wahr. Fühlen Sie, wie sich die Lungenflügel im Rhythmus des Atmens füllen und leeren. Langsam sinkt Ihre Aufmerksamkeit, der Schwerkraft folgend, tiefer, bis in die Mitte des Körpers. Sie passiert den Nabel und stoppt erst im Unterleib, knapp oberhalb der Stelle, an der Sie im Lotos-Sitz Ihre Hände ineinandergelegt haben. Hier ist Ihr Schwerpunkt. Hier fühlen Sie sich entspannt, wie das Pendel einer Uhr, das endlich im tiefsten Punkt seiner Bahn Ruhe gefunden hat. Bleiben Sie mit Ihrer Aufmerksamkeit in Ihrem Schwerpunkt, bis Sie ihn wirklich empfinden können.

DIE ATMUNG

Der Atem ist die Grundlage allen Lebens. In der biblischen Schöpfungsgeschichte hauchte Gott dem von ihm geschaffenen Menschen das Leben ein. Erst dadurch wurde Adam zu einem Seelenwesen. Der Atem symbolisiert, wie bereits erwähnt, auch am eindrucksvollsten die Polarität. Wir atmen ein und aus, aber keiner dieser beiden Vorgänge ist isoliert möglich. Einatmen bedingt Ausatmen, dem Ausatmen folgt das Einatmen. Der Atemvorgang beinhaltet den Grundrhythmus des Lebens. Ohne diesen Rhythmus wäre Leben nicht möglich. Es ist kein Zufall, daß das griechische Wort Psyche sowohl Hauch als auch Seele bedeutet. Psychologen haben einen engen Zusammenhang zwischen dem Atmen und unserem seelischen Zustand erkannt. Das Einatmen steht in diesem Denkmodell für das In-Besitz-Nehmen, für den Aufbau von Spannung, und das Ausatmen bedeutet loslassen, sich öffnen, entspannen.

Unter diesem Gesichtspunkt betrachtet, ist es kein Wunder, daß die meisten Menschen in den zivilisierten Gesellschaften gierig einatmen, aber unzureichend ausatmen. Unfähig, sich und überhaupt loszulassen, bauen sie immer neue Spannungen in sich auf. Die Folge ist dann häufig Atemnot. Weil sie die Lungen beim mangelhaften Ausatmen nicht vollständig leeren können, ist es auch nicht möglich, das volle Lungenvolumen für das Einatmen auszunutzen. Hier setzen die Vorübungen der Meditation an. Es ist wichtig, richtig zu atmen. Dadurch entsteht automatisch das richtige Verhältnis aus Spannungsauf- und Spannungsabbau. Mit einer Reihe von Übungen können Sie diesen Prozeß fördern und eine optimale Atemtechnik entwickeln, die nicht nur der Meditation dienlich ist, sondern auch Ihr Wohlbefinden im Alltag vergrößert.

1. Übung: Beobachten

Begeben Sie sich in die von Ihnen gewählte Meditationshaltung. Achten Sie noch einmal darauf, daß Ihr Oberkörper aufgerichtet ist, und beobachten Sie entspannt Ihren Atem, ohne zu werten, was Sie dabei entdecken. Folgen Sie Ihrem Atemrhythmus. Spüren Sie das Einatmen und das Ausatmen. Nehmen Sie beide Vorgänge und die kleine Pause nach dem Ausatmen bewußt wahr. Holen Sie damit die unbewußten Steuerungsmechanismen des Atemvorgangs in Ihr Bewußtsein. Sie werden feststellen, daß Sie plötzlich nicht mehr losgelöst von Ihrer Persönlichkeit Sauerstoff aufnehmen und die verbrauchte Luft abgeben. Sie merken, daß Sie Atem sind, spüren, wie Sie sich öffnen, Energie und Spannung aufnehmen und im Ausatmen eine Entspannung erreichen, die Sie fähig macht, beim nächsten Luftholen neue Kräfte zu schöpfen.

2. Übung: Bewußtwerden

In dieser Atemübung gehen Sie einen Schritt über die Beobachtung hinaus. Sie werden sich schnell des Atmens bewußt, indem Sie damit einige Experimente anstellen. Wir haben uns alle angewöhnt, das Einatmen zu betonen, das Ausatmen zu unterdrücken und die kleine Ruhepause vor dem erneuten Einatmen bis zur Unkenntlichkeit zu verkürzen. Ausatmen hat aber viel mit körperlicher und seelischer Entspannung zu tun. Sie sollten sich deshalb zunächst diese Phase bewußt machen.

Setzen Sie sich dazu in Ihrer Meditationshaltung hin. Entspannen Sie sich, und beginnen Sie dann eine kontrollierte Atemübung. Atmen Sie etwa eine Sekunde lang tief ein. Indem Sie dabei innerlich die Zahl ›einundzwanzig‹ langsam sprechen, haben Sie eine Meßeinheit für die Sekunde. Atmen Sie dann betont aus. Auch diese Phase der Übung sollte etwa eine Sekunde dauern. Zählen Sie dabei ›zweiundzwanzig‹. Verharren Sie nun, ohne sofort wieder einzuatmen, in diesem Zustand. Zählen Sie dabei innerlich von ›dreiundzwanzig‹ bis ›dreißig‹. Sie werden vielleicht spüren, wie lang Ihnen diese acht Sekunden vorkommen.

Womöglich ergreift Sie auch ein Gefühl der Panik: »Ich habe zuwenig Luft.« Versuchen Sie, dem Zwang zum vorschnellen Einatmen bei dieser Übung zu widerstehen. Atmen Sie erst dann wieder ein, wenn Sie in aller Ruhe bis ›dreißig‹ gezählt haben.

Trainieren Sie dieses kontrollierte (Aus-)Atmen so lange, bis Sie es wirklich beherrschen, und versuchen Sie dabei, in der Entspannungsphase zwischen den beiden Atemzügen vollkommen gelassen und ganz auf die Leere in Ihrer Lunge konzentriert zu verharren.

3. Übung: Zwerchfellatmen

Kinder atmen unbewußt richtig. Erst in der Pubertät verändert sich die Atemtechnik des Menschen. Er steuert seine Atmung dann nicht mehr mit dem Zwerchfell, sondern mit der Brustmuskulatur. Die natürliche Atemweise ist dies jedoch nicht. Natürlich, und im Sinne der Meditation einem größeren körperlichen wie seelischen Wohlbefinden dienlich, ist die Zwerchfellatmung, die man mit einigem Üben wieder lernen kann.
Stehen Sie auf, und legen Sie die linke Hand auf die Magengrube unmittelbar oberhalb des Nabels. Tropfen Sie sich Parfüm auf die rechte Hand, halten Sie diese vor Ihre Nase und schnuppern Sie in kurzen Zügen daran. Meist werden Sie bei dieser Übung automatisch wieder Ihr Zwerchfell einsetzen. Sie merken das daran, daß Ihre linke Hand auf dem Bauch in kleinen Stößen bewegt wird. Üben Sie das so lange, bis Sie auch bei normalen Atemzügen nicht mehr nur Brust und/oder Bauch blähen, sondern mit dem Zwerchfell atmen.

Eine gute Übung können Sie auch morgens kurz nach dem Aufwachen durchführen. Wenn Sie auf dem Rücken schlafen, atmen Sie über Nacht meist ohnehin mit dem Zwerchfell. Bleiben Sie so liegen und legen Sie vorsichtig eine Hand auf den Magen. Dort können Sie fühlen, ob Sie richtig atmen. Wenn sich diese Körperstelle bei jedem Atemzug sanft bewegt, benutzen Sie das Zwerchfell. Machen Sie sich diesen Vorgang bewußt. Durch einige Wiederholungen kann er dann gestärkt, verfestigt und zur Gewohnheit werden.

DIE INNERE EINSTELLUNG

Meditation ist ein Prozeß, der während der meditativen Übungen seinen Höhepunkt findet. Wichtigste Grundvoraussetzung dazu ist jedoch, daß Sie mit der Meditation keinen Zweck verfolgen. Wenn Sie meditieren, um ruhiger zu werden, besser schlafen zu können, weniger grippeanfällig zu sein, so ist das fast schon die Garantie dafür, daß dies nicht eintritt. Sie werden weder Entspannung noch irgendwelche anderen positiven Wirkungen der Meditation spüren, weil Sie Ihr Alltagsbewußtsein auf die Meditation übertragen. Dieses kann nur dann geschehen, wenn Sie sich – zunächst wenigstens vorübergehend – von den Zwängen des Alltags lösen können, der die ganze Welt in Pole zerlegt und keine Gesamtschau ermöglicht.

Meditation bedingt also eine innere Einstellung, die verschieden ist von unserem Alltagsbewußtsein. Machen Sie sich diese Voraussetzung klar, bevor Sie mit der Meditation beginnen. Lösen Sie sich von der Vorstellung, daß alles einen konkreten Zweck haben muß, daß jedes Handeln zielgerichtet ist und nur dazu da, ein Defizit auszugleichen. Nehmen Sie einfach an, was Ihnen während der Meditation über Sie selbst und über Ihren Standort in der Welt offenbart wird. Seien Sie offen für neue Erfahrungen. Nur dann können Sie sich weiterentwickeln.

Beim Meditieren befinden Sie sich auf dem Weg zu Ihrem innersten Wesen. Im Vorbeigehen – das haben wir im ersten Teil dieses Buches geschildert – begegnen Sie alten Konflikten und verkapselten Problemen, die tief in Ihnen verborgen sind. Sie werden sich dieser Inhalte Ihres Unterbewußtseins bewußt und erleben einen Lösungsvorgang, der Sie befreit. Das hat Folgen für Ihren Alltag zwischen den einzelnen meditativen Übungen. Normalerweise erfolgt das Aufspüren der verkapselten Konflikte, ihre Bewußtwerdung und die Lösung während der Meditation so behutsam, daß Sie keine gravierenden Schwierigkeiten haben, diese abgespaltenen Teile Ihrer Persönlichkeit zu integrieren. Gelegentlich entstehen aber Situationen außerhalb der meditativen Übungen, in denen Sie sich damit befassen müssen, die abgespaltenen Persönlichkeitsteile im Alltag wieder mit Ihrem wahren Wesen zu vereinigen. Dann können sehr starke Gefühle der Aggression, wie beispielsweise Haß, entstehen. Sie müssen lernen, mit diesen Gefühlen umzugehen. Das bedeutet: Sie dürfen diese Gefühle nicht wieder tief in sich vergraben, sondern müssen ihnen eine Chance geben, aus Ihnen herauszugelangen. Dafür gibt es einige Übungen.

1. Übung: Körperliches Abreagieren

Wut ist ein sehr tief sitzendes Gefühl. Mit Hilfe der Meditation wird es jedoch weiter nach oben befördert und kann dann befreit werden. Wir empfehlen Ihnen dafür vier Methoden. Ihrer Phantasie im Ausdenken individuell noch besser geeigneter Anti-Wut-Programme sind aber kaum Grenzen gesetzt – höchstens durch zu dünne und lärmdurchlässige Neubauwände und gesellschaftliche und gesetzliche Regeln.

Rennen und Atmen: Ziehen Sie einen Trainingsanzug an und rennen Sie los, raus in die Natur. Laufen Sie, so schnell Sie können, und atmen Sie möglichst tief ein und aus. Rufen Sie bei jedem Ausatmen laut »ha« oder »he«. Sie werden sich wundern, wie befreiend diese Kombination aus Atemübung und Jogging ist.

Knurren und Bellen: Rennen Sie herum, am besten im Freien, aber notfalls auch in der Wohnung, und hecheln Sie wie ein Hund. Lassen Sie die Zunge dabei heraushängen, bellen und knurren Sie. Das öffnet die Atemwege, fördert die richtige Zwerchfellatmung und löst die gestauten Gefühle.

Kissenschlacht: Eines der besten Mittel, um Wut zu lösen, ist ein Kissen. Lassen Sie all Ihre Wut an diesem Kissen aus. Beißen Sie es, treten Sie es, knallen Sie es an die Wand. Wenn Sie es ›umbringen‹ wollen, nehmen Sie ein Messer und ›ermorden‹ das

Kissen. Dies kommt Ihnen vielleicht lächerlich vor, aber die ganze Wut an sich ist lächerlich. Und das wird Ihnen möglicherweise bewußt, wenn Sie das Messer in der Hand haben.

Reden: Reden Sie mit jemandem über Ihre Gefühle, der Ihnen zuhören kann, ohne zu werten. Das muß nicht Ihr Partner sein; oft ist ein guter Freund der bessere Gesprächspartner. Sprechen Sie alles aus, was Sie empfinden, und Sie werden merken, wie befreiend die Verbalisierung Ihrer Gefühle sein kann.

Wichtiger Hinweis: In seltenen Fällen versagt die Selbstregulierungs-Automatik während der Meditation. Dann werden zu viele oder zu große Konflikte aus dem Unterbewußtsein in Ihr Wachbewußtsein gefördert. Gelegentlich sind Meditierende dann nicht mehr in der Lage, diese Häufung von Ängsten, Konflikten und negativ empfundener Bestandteile der Persönlichkeit zu integrieren. In solchen Fällen sollten Sie die Meditationsdauer verkürzen und einen Gesprächspartner suchen. Womöglich ist es dann nützlich für Sie, mit einem Psychotherapeuten oder einem erfahrenen Meditationslehrer Kontakt aufzunehmen.

Wir haben damit Begleiterscheinungen der Meditation geschildert, die sehr selten auftreten. Wenn sie sich aber zeigen, werden sie meistens als beängstigend empfunden. Sie gehören zu der Seite unseres Wesens, von der wir am liebsten gar nichts wis-

sen möchten. Deshalb haben wir sie so lange verdrängt. Die Meditation erwartet von Ihnen (entwickelt aber auch in Ihnen) eine Änderung Ihrer
Einstellung. Sie müssen lernen, daß zu Ihrer Person nicht nur diejenigen Seiten gehören, die von
Ihnen und Ihrer Umgebung für positiv gehalten
werden. Auch als negativ diskriminierte Empfindungen und Verhaltensweisen haben eine Funk-
tion im Gesamtbild Ihrer Persönlichkeit. Wenn Sie
das innerlich anzuerkennen bereit sind, werden Sie
diese Phänomene in Ihre Persönlichkeit integrieren können.

Meditation öffnet Ihr Bewußtsein auch im Alltag.
Sie werden feststellen, daß Sie bewußter und damit
sicherer im ganz normalen Leben stehen werden.
Das ist gleichzeitig Voraussetzung und Folge meditativer Übung. Meditation verlangt von Ihnen
geradezu, die Erfahrungen, die Sie während der
Versenkung machen, im Alltag zu verarbeiten. Sie
müssen lernen, sich selbst mit all Ihren guten und
schlechten Seiten, also als vollständiges Individuum, zu akzeptieren. Wenn Sie das schaffen, werden Sie zufriedener, ruhiger, glücklicher und tole-
ranter werden.

Anderenfalls haben Sie Meditation falsch verstanden: nämlich als Flucht. Dazu aber taugt Meditation nicht. Sie will Ihnen die Möglichkeit geben,
ganz im ›Hier und Jetzt‹ zu sein. Das ›Hier und
Jetzt‹ aber ist Ihr Alltag. Es gibt folgende Übung,
mit der Sie empfinden können, was es bedeutet, im
›Hier und Jetzt‹ zu sein.

2. Übung: Bewußtheit

Wenn Sie morgens aufwachen, sagen Sie sich: »Ich nehme alles bewußt wahr. Ich tue alles ganz bewußt. Ich bin hier, und ich bin jetzt hier.« Versuchen Sie dann, nichts mehr automatisch zu tun. Wenn Sie mit dem linken Bein zuerst aus dem Bett steigen, machen Sie sich diesen Vorgang bewußt. Stellen Sie den Fuß bewußt auf den Boden. Fühlen Sie den Boden, die Berührung und die Bewegung Ihres Körpers. Gehen Sie ganz bewußt ins Badezimmer. Waschen Sie sich ganz bewußt. Nehmen Sie die Zahnbürste bewußt in die Hand, und fühlen Sie jede Bewegung mit, wenn Sie sich die Zähne putzen. Sie werden feststellen, wie viele Dinge und Handlungen Sie bisher automatisch, unbewußt getan haben. Bewußtheit ist ein ganz persönliches De-Automatisierungs-Programm für Sie.

DIE VORBEREITUNG

Je besser Sie auf die Meditation vorbereitet sind, desto schneller werden Sie auf den Weg zu Ihrem innersten Zentrum gelangen – und desto weniger Zeit verstreicht, bis Sie die »Wirkungen« der meditativen Übungen erkennen können: Identitätsfindung, Gelassenheit, Wohlbefinden, Toleranz und größere Bewußtheit. Sie sollten sich deshalb vor jeder Meditation psychisch und physisch auf die Übung vorbereiten. Während wir bislang über grundsätzliche Vorbereitungen in der Zeit vor Meditationsbeginn gesprochen haben, geht es jetzt um die Einstimmung in den Minuten, bevor Sie meditieren. Treffen Sie folgende Vorbereitungen:

■ Sorgen Sie dafür, daß Sie nicht gestört werden. Stellen Sie das Telefon in einen anderen Raum oder nehmen Sie den Hörer ab. Schalten Sie die Wohnungsklingel aus oder klemmen Sie ein Stückchen Pappe zwischen Glocke und Klöppel. Schließen Sie die Tür zu dem Zimmer, in dem Sie meditieren wollen. Wenn noch andere Personen im Haus sind, bitten Sie darum, nicht gestört zu werden. Möglicherweise empfiehlt es sich, ein Schild an die Tür zu hängen: »Bitte nicht stören.«

■ Meditieren Sie allein, es sei denn, Sie beteiligen sich an einer Meditationsgruppe. Haustiere haben bei der Meditation nichts zu suchen.

■ Stimmen Sie sich innerlich ein. Verbannen Sie dazu Vergangenheit und Zukunft aus Ihren Gedanken. Vergessen Sie alle Sorgen und Verpflichtungen. Machen Sie sich frei von allem, was jenseits Ihrer Zimmertür geschieht. Stellen Sie sich vor, daß dicke Polster Sie nicht nur von Umweltgeräuschen, sondern auch von allen anderen Einflüssen isolieren. Sie sind nur im ›Hier und Jetzt‹. Alles andere ist bedeutungslos.

■ Nehmen Sie sich Zeit. Sie dürfen bei der Meditation nicht unter Termindruck stehen. Sie müssen während der Meditation das Gefühl aufbauen können, die Zeit stehe still. Dies unterscheidet Ihr Gefühl von Ihren Alltagsempfindungen, die Ihnen so oft den Eindruck geben, von den Zeigern der Uhr durchs Leben gehetzt zu werden.

■ Seien Sie entschlossen. Wenn Sie meditieren, meditieren Sie ganz und tun sonst nichts. Ein unverbindliches Probieren gibt es nicht.

■ Werden Sie ruhig. Ruhig sein bedeutet, die Bewegung zu stoppen und Muskeln und Atem zu entspannen.

Unmittelbar vor der Meditation können Sie eine der folgenden Übungen durchführen, die Ihnen bei der Beruhigung und Entspannung des Körpers helfen.

Eutonische Grundübung

Bei dieser Übung verbalisieren Sie laut all Ihre körperlichen Empfindungen. Dadurch gelingt es Ihnen, Ihr Körperbewußtsein zu verinnerlichen. Sprechen Sie aber dabei nicht ununterbrochen. Lassen Sie sich zwischen den einzelnen Sätzen genug Zeit, um Ihren Empfindungen nachzuspüren. Sagen Sie beispielsweise, wenn Sie sich auf Ihren Oberschenkel konzentrieren: »Ich fühle, wie sich Haut und Boden berühren… Ich empfinde ein Gefühl der Kälte… Jetzt spüre ich, wie das Blut durch die Adern pulst… Mein Oberschenkel wird jetzt wärmer, das ist ein schönes Gefühl…« usw.

Legen Sie sich auf eine harte Unterlage, zum Beispiel auf eine Decke am Boden. Sie liegen auf dem Rücken, Beine und Füße nebeneinander, die Arme ausgestreckt neben dem Körper. Sie können die Augen schließen, wenn Sie möchten. Entspannen Sie sich zunächst, hören Sie auf Ihren Atem und werden Sie ruhig. Richten Sie dann Ihre Aufmerksamkeit auf die Haut. Beginnen Sie im Bauch-Becken-Bereich und beim Gesäß. Konzentrieren Sie sich auf Ihre Empfindungen, jeweils oben und unten. Gehen Sie anschließend mit Ihrer Aufmerksamkeit weiter, zum Beispiel in folgender Reihenfolge: linker Oberschenkel – linkes Knie – linker Unterschenkel – linkes Fußgelenk – linker Fuß – alle Zehen – rechter Oberschenkel – rechtes Knie – rechter Unterschenkel – rechtes Fußgelenk – rechter Fuß – alle Zehen – wieder Bauch/Becken/Gesäß – Brust und Rücken – linke Schulter – linker Oberarm – linker Ellbogen – linker Unterarm – linkes Handgelenk – linke Hand – alle Finger – rechte Schulter – rechter Oberarm – rechter Ellbogen – rechter Unterarm – rechtes Handgelenk – rechte Hand – alle Finger – Hals und Nacken – Hinterkopf – Scheitel – Gesicht.

Fühlen Sie nun in dieser Reihenfolge noch einmal durch Ihren Körper. Diesmal richten Sie Ihre Aufmerksamkeit jedoch auf die Innenräume. Wenn Sie sich also auf den Oberarm konzentrieren, lenken Sie Ihre Aufmerksamkeit auf das, was unter der Haut ist. Dieses Verfahren fällt leichter, wenn Sie Ihre Aufmerksamkeit spiralförmig an der Innenwand (wie an der Innenwand eines Rohres) entlanglenken. Bei dieser Übung stellt sich oft ein Gefühl der Helle ein. Ihr Innenraum ist dann leicht und hohl.

Der dritte Schritt wird »nondirektives Ertasten« genannt. Dabei lauschen Sie einfach in Ihren Körper hinein und formulieren laut, was Sie gerade wahrnehmen. Sie gehen dabei nicht zielgerichtet vor, sondern warten einfach ab, welcher Körperteil sich meldet. Dann sprechen Sie es aus und richten Ihre Aufmerksamkeit so lange auf diesen Körperteil, bis sich ein anderer meldet. Mit Hilfe dieser Übung lernen Sie Ihren Körper intensiv kennen und werden sich seiner bewußt. Später, nach einiger Erfahrung, können Sie diese Übung auch im Meditationssitz durchführen.

Kin-hin-Übung

Diese Übung wurde in japanischen Zen-Klöstern entwickelt. Es handelt sich um ein langsames, passives Gehen im Atemrhythmus, das Ihre Konzentrationsfähigkeit und Körperbeherrschung schult.

Stellen Sie sich zunächst etwa zwei bis drei Minuten lang leicht breitbeinig hin. Entspannen Sie sich und konzentrieren Sie Ihre Aufmerksamkeit, wie schon beschrieben, auf die Hara-Region im Unterleib. Dort liegt Ihr Schwerpunkt. Schließen Sie Ihre linke Hand um den Daumen zur Faust und legen Sie die Faust mit leichtem Druck – Knöchel nach oben – auf das Brustbein. Die rechte Hand liegt mit leichtem Druck des Handballens auf den Fingern der linken Hand. Die Unterarme stehen etwa waagrecht, die Schultern sind entspannt. Konzentrieren Sie sich jetzt auf Ihre Atmung. Betonen Sie das Ausatmen. Atmen Sie drei Sekunden lang aus und eine Sekunde lang ein. Warten Sie, bis Ihr Atem ruhig und rhythmisch wird. Dann setzen Sie die Ferse Ihres linken Fußes mit Beginn der Ausatem-Phase etwa zehn Zentimeter vor und verlagern langsam das Gewicht vom Absatz zum Fußballen. Gleichzeitig rollen Sie den rechten Fuß von der Ferse nach vorn in Richtung Ballen. Am Ende der ersten Ausatem-Phase stehen Sie also auf dem linken Fuß und berühren nur noch mit dem Ballen des rechten Fußes den Boden. Jetzt atmen Sie ein, ziehen dabei den rechten Fuß hoch und setzen ihn mit Beginn der neuen Ausatem-Phase mit der Ferse etwa zehn Zentimeter weiter vorn wieder auf. Diesen Vorgang wiederholen Sie abwechselnd in Ihrem Atemrhythmus.

Anfangs ist es vielleicht schwer, das Gleichgewicht zu halten. Sie erkennen daran, wie wenig Sie sich Ihrer Körperfunktionen bewußt sind. Später fällt es Ihnen nicht mehr schwer, in einer ununterbrochenen, gleichförmigen Bewegung Ihre Kin-hin-Übung zu absolvieren, ohne zu schwanken.

Wenn Sie auf diese Art einige Minuten lang passiv gegangen sind, bleiben Sie wieder stehen und entspannen sich zwei Minuten lang, während Sie sich auf Ihre Hara-Region konzentrieren. Dann gehen Sie zu Ihrem Meditationsplatz, setzen sich nieder und beginnen mit der Meditation.

Körperzentrierte Aufwärmübung

Bei dieser Übung entspannen Sie Ihren Körper, indem Sie ihn bewußt streicheln und kneten. Setzen Sie sich dazu hin, stellen Sie beide Füße nebeneinander, und ziehen Sie die Knie etwas an. Frauen beginnen nun, die Zehen des linken Fußes zu massieren, mit knetenden Handbewegungen den Unterschenkel hinaufzufahren, das Knie sowie den Oberschenkel zu massieren und dann von der Hüfte mit beiden Händen über den Körper zum Herzen zu streichen. Männer beginnen dieselbe

Übung an den Zehen des rechten Fußes. Dieser unterschiedliche Startpunkt der körperzentrierten Aufwärmübung hat mit den beiden Hirnhälften zu tun. Die aktive männliche Hemisphäre ist links und steuert die rechte Körperhälfte. Als feminine Hemisphäre gilt die rechte Hirnhälfte; sie steuert die linke Körperhälfte. Bei Männern liegt daher das Hauptgewicht auf der rechten Körperhälfte, während es bei Frauen umgekehrt sein sollte.

Massieren Sie anschließend das andere Bein nach derselben Methode, und streichen Sie vom Hüftgelenk her kräftig über den Körper in Richtung Herz.

Frauen wenden sich nun dem linken, Männer dem rechten Arm zu. Massieren Sie sich in streichenden und kreisenden Bewegungen von den Fingerspitzen bis zur Schulter und streichen Sie über die Brust zum Herzen. Dann fahren Sie mit massierenden Bewegungen der rechten Hand vom linken Schulterblatt über die linke Rückenseite bis zur Taille und über die linke Körpervorderseite in Richtung Herz. Dasselbe wiederholen Sie mit der linken Hand auf Ihrer rechten Körperseite. Männer gehen umgekehrt vor. Zuletzt streichen Sie kräftig mit den gespreizten Fingern beider Hände über Ihren Kopf sowie über Gesicht und Hals bis zum Herzen.

Viele Menschen empfinden bei dieser Übung ein wohltuendes Wärmegefühl, das den Körper merklich entspannt.

Muskuläres Tiefentraining

Diese Übung wurde von dem Arzt und Psychologen Uwe Stocksmeier entwickelt. Sie basiert auf den Erfahrungen mit isometrischen Übungen von der »progressive relaxation« des amerikanischen Verhaltenstherapeuten Jacobsen. Durch energische Muskelanspannung bis zur Schmerzgrenze und anschließende Entspannung gelingt eine körperliche Desensibilisierung, die Auswirkungen auf Ihre Psyche hat.

Setzen Sie sich locker, aber gerade auf einen Stuhl, winkeln Sie die Arme rechtwinklig an, und ballen Sie die Fäuste vor der Brust. Schließen Sie die Augen, atmen Sie tief durch, und konzentrieren Sie Ihre Aufmerksamkeit auf Arme und Hände. Spannen Sie dann die Fäuste so stark wie möglich an, danach die Unterarme und zum Schluß die Oberarme. Versuchen Sie, die Spannung so lange aufrecht zu halten, bis der Arm zittert. Erst dann lassen Sie los und die Arme locker fallen. Atmen Sie dabei gleichmäßig weiter. Schließlich spannen Sie Hände und Arme noch einmal kurz an, um dem Körper das Ende des Trainings zu signalisieren.

Bleiben Sie sitzen, und heben Sie jetzt die Fersen der nebeneinanderstehenden Füße leicht an. Atmen Sie gleichmäßig, und spannen Sie dann die Fußmuskeln, die Muskulatur der Unterschenkel und der Oberschenkel bis zur Schmerzgrenze. Der übrige Körper bleibt ganz locker. Sie vergessen nicht, gleichmäßig weiterzuatmen. Lassen Sie dann los. Während der Entspannungsphase schließen Sie die Augen und genießen das Gefühl der Entspannung.

Prüfen Sie nun, wo Ihre Brustmuskeln sitzen. Schließen Sie dazu die Augen, winkeln Sie die Unterarme an, und atmen Sie tief durch. Dann pressen Sie die Achseln so fest zusammen, als müßten Sie mit ihnen ein Blatt Papier festhalten. Stoppen Sie die Spannung erst, wenn Sie die Schmerzgrenze erreichen. Dann lassen Sie los, pendeln Arme und Schultern leicht nach hinten aus und atmen entspannt.

Sie setzen sich wieder mit angewinkelten Armen auf Ihren Stuhl, atmen einen Moment lang tief durch und ziehen dann die Schultern bis zu den Ohren. Der Kopf bleibt zunächst gerade. Vergessen Sie nicht zu atmen. Anschließend drücken Sie – mit hochgezogenen Schultern – Ihren Kopf nach hinten in den Nacken, bis ein wirklich unangenehmes Gefühl entsteht. Lassen Sie erst dann Ihren Kopf und die Arme entspannt nach vorn fallen. Atmen Sie. Bewegen Sie nun den Kopf langsam hin und her, das Kinn bleibt aber auf der Brust. Entspannen Sie sich langsam und gründlich.

Bei der letzten Übung des muskulären Tiefentrainings sitzen Sie wieder mit angewinkelten Armen auf dem Stuhl. Atmen Sie normal, und konzentrieren Sie sich auf Ihren Rücken. Drücken Sie nun Ihre Schultern so weit nach hinten, als wollten Sie einen Bleistift zwischen den Schulterblättern festklemmen. Beugen Sie den Kopf dabei leicht nach vorn, und atmen Sie während der ganzen Übung ruhig und regelmäßig. Erhalten Sie die Muskelspannung so lange aufrecht, bis Sie die Schmerzgrenze erreichen. Lassen Sie dann Kopf und Arme nach vorn fallen. Entspannen Sie sich, und genießen Sie die Entspannung. Vielleicht kreuzen Sie auch die Arme vor der Brust und umfassen locker den Rücken. Das fördert die Dehnung der Armmuskeln.

Das muskuläre Tiefentraining ist dann erfolgreich, wenn Sie nach Anspannung und Entspannung ein intensives Wärmegefühl in den beteiligten Muskeln wahrnehmen, wie Sie es von einer ausgiebigen Massage her kennen. Falls Sie nach dieser Übung Kopfschmerzen haben, ist das ein Zeichen dafür, daß Sie während der Muskelkontraktion vergessen haben zu atmen.

Lebenskraftübung

Diese Übung beteiligt die Chakren. Das sind nach einem indischen Denkmodell sieben psychisch-physische Energiefelder in der Umgebung der Wirbelsäule:

- Das Wurzel-Chakra liegt an der Basis des Rückgrats.
- Das Sexual-Chakra liegt über der Milz.
- Das Nabel-Chakra befindet sich am Nabel.

- Das Herz-Chakra liegt über dem Herzen.
- Das Hals-Chakra befindet sich an der Vorderseite des Halses.
- Das Stirn-Chakra oder ›Dritte Auge‹ liegt zwischen den Augenbrauen.
- Das Scheitel-Chakra liegt am Scheitel des Kopfs.

Bei der Lebenskraftübung stehen Sie aufrecht, die Arme hängen seitlich am Körper. Entspannen Sie sich, und richten Sie Ihre Aufmerksamkeit auf das Hara, Ihren Schwerpunkt im Unterleib. Wenn Sie ganz entspannt sind, schließen Sie die Augen und konzentrieren sich auf das ›Dritte Auge‹, das über Ihrer Nasenwurzel zwischen den Augenbrauen liegt. Stellen Sie sich beim Einatmen vor, daß eine kosmische Energie sanft über Ihr Scheitel-Chakra in Sie einströmt. Diese Lebenskraft fließt langsam und warm nach unten. Sie passiert Ihren Kopf, teilt sich im Halsbereich und füllt in zwei Strömen Ihren ganzen Körper. Schließlich erreicht die Lebenskraft am Ende der Einatem-Phase den rechten Fuß. Spannen Sie dort die Muskeln an und lassen Sie los, während Sie ausatmen. Es entsteht ein Gefühl, als atme Ihr Fuß.

In der nächsten Atem-Phase fließt die Kraft in Ihren linken Fuß. Sie spannen die Muskulatur und lösen sie wieder beim Ausatmen.
So fühlen Sie die kosmische Energie nacheinander im ganzen Körper: in den Waden, im Knie, im Oberschenkel, im Gesäß, in der unteren Bauch-

muskulatur, im Brustkorb, in der Hand, im Unterarm, im Ellbogen, im Oberarm, in den Schultern, im Nacken, in der Halsmuskulatur und im Gesicht.

Lassen Sie die Energie einströmen, spannen Sie die Muskeln an, fühlen Sie die Energie und lösen Sie sich beim Ausatmen. Ihre Konzentration bleibt dabei immer im ›Dritten Auge‹.

Pranayama-Übung

Die Pranayama-Übung kann unmittelbar vor Beginn der Meditation praktiziert werden. Setzen Sie sich dazu in Meditationsstellung hin und entspannen Sie sich kurz. Legen Sie den Zeigefinger der rechten Hand auf Ihre Nase; die Fingerspitze berührt das ›Dritte Auge‹ zwischen den Augenbrauen, der Daumen liegt locker auf dem rechten Nasenflügel, der gekrümmte Mittelfinger auf dem linken. Verschließen Sie nun mit dem Daumen das rechte Nasenloch, und atmen Sie kräftig durch das linke Nasenloch aus. Machen Sie eine kurze Atempause, und atmen Sie dann durch das linke Nasenloch tief ein. Anschließend geben Sie das rechte Nasenloch frei und blockieren mit dem Mittelfinger das linke. Atmen Sie durch das rechte Nasenloch aus und wieder ein. Dann wechseln Sie wieder zum linken Nasenloch usw.

Atmen Sie in Ihrem eigenen Rhythmus auf diese

Weise etwa zehnmal tief ein und aus. Schließen Sie dabei auf keinen Fall die Augen, denn bei dieser Übung können große Energieströme frei werden, die Sie unter Umständen schwindlig machen.

Wenn die Nase frei ist, sind Sie ganz wach und ganz bewußt. Sie können mit der Meditation beginnen.

Wählen Sie unter den in diesem Kapitel beschriebenen Übungen diejenige aus, die Ihnen am sympathischsten erscheint. Verlassen Sie sich dabei auf Ihr Gefühl.

Einige Übungen sprechen mehr die Ratio an, das westliche Denken, andere entstammen fernöstlichen Denkgewohnheiten. Doch alle Methoden erfüllen denselben Zweck: Sie bereiten Sie physisch und psychisch auf die eigentliche Meditation vor, beruhigen und entspannen Sie, bringen Ihre Energieströme zum Fließen und öffnen Sie für meditative Erfahrungen.

Machen Sie sich jetzt noch einmal einige wichtige Dinge im Zusammenhang mit der Meditation klar. Denken Sie daran, daß

■ Meditation frei von Absichten ist. Sie wollen nichts erreichen, sondern sich ganz einfach erfahren. Sie planen mit der Meditation nichts, sondern lassen geschehen und erkennen in dem, was geschieht, das wahre Wesen;

■ die Fähigkeit zum Schweigen eine Voraussetzung für Meditation ist. Damit ist nicht ängstliches, feiges Verstummen oder ein unwissendes Stocken der Sprache gemeint. Meditatives Schweigen ist wach, lebendig, raumschaffend, fruchtbar und lebensspendend. Es ist ein Schweigen der Innerlichkeit, das Ihren Mund schließt, aber die Augen für neue Erfahrungen öffnet. Die erste Stufe dieses Schweigens ist: nicht sprechen. Die zweite Stufe bedeutet: auf Außenreize nicht antworten, nicht reagieren.

Die dritte Stufe ist die innerliche Ruhe. Ihre Sinne, Ihre Neugier, Ihre Vernunft, Ihr Mitteilungsdrang verstummen. Die vierte Stufe meditativen Schweigens ist eine Stille, die in die eigene Tiefe horcht und erforscht, was dort verborgen ist. Schweigen und Meditation bilden einen sich selbst verstärkenden Regelkreis. Schweigen fördert die Meditation. Meditation fördert die Fähigkeit zur Stille;

■ Wach-Sein und Bereit-Sein zur Meditation gehören. Wach-Sein heißt zunächst, nicht zu schlafen. Es bedeutet aber auch eine Abkehr von Fatalismus und Resignation sowie eine Hinwendung zur Bereitschaft, sich ernsthaft zu öffnen, sich anrühren zu lassen, zu empfinden und sich hinzugeben an neue Erfahrungen und an das eigene innere Wesen.

Ihr Wach-Sein macht Sie bereit, alles zu entdecken und alles anzunehmen.

Wann Sie am besten meditieren: Meditationslehrer empfehlen, zweimal täglich etwa 20 Minuten lang zu meditieren. Vorher sollten Sie einige Zeit weder rauchen noch trinken oder andere Drogen konsumieren. Ungünstig sind auch üppige Mahlzeiten vor der Meditation. Die beste Meditationszeit ist morgens (nach dem Waschen, aber vor dem Frühstück) und am frühen Abend vor dem Essen. Falls Sie diese 40 Minuten (mit Vorbereitung vielleicht eine Stunde) täglich nicht entbehren können, meditieren Sie nur einmal. Wichtig ist aber, daß Sie regelmäßig meditieren. Es reicht nicht aus, alle paar Tage in der Meditationsecke zu verschwinden. Meditation ist ein Entwicklungsprozeß, der abbricht, wenn er nicht ständig fortgeführt wird.

Ihre innere Uhr: 20 Minuten beträgt die durchschnittliche Meditationszeit, doch Sie müssen selbst entscheiden, ob Ihnen das zuviel ist. Nach spätestens 20 bis 25 Minuten sollten Sie Ihre Meditation beenden. Stellen Sie sich aber auf keinen Fall einen Wecker entsprechend ein. Es wäre unheilvoll, wenn Sie plötzlich ein schrilles Geräusch aus der Konzentration und/oder Versenkung aufschrecken würde. Das Ende der Meditation muß sanft und behutsam erfolgen. Sie verbreitern dabei Ihre Aufmerksamkeit vom Meditationspunkt wieder auf Ihren Körper, auf Ihre Umgebung. Langsam kehren Sie aus der Versenkung in den Alltag zurück. Sie atmen mehrfach tief und bewußt ein und aus, lockern durch leichte Bewegungen Ihre

Muskeln und öffnen die Augen. Erst dann stehen Sie auf.

Die beste Methode, um das Ende der Meditationszeit zu erkennen, ist Ihre innere Uhr. Schauen Sie vor Meditationsbeginn auf eine Uhr, und prägen Sie sich die Zeit ein: »Jetzt ist es 18 Uhr, und ich werde um 18.20 Uhr aus der Meditation auftauchen.« Dabei stellen Sie sich die Zeigerstellung um 18.20 Uhr vor. Nach wenigen Tagen der Übung werden Sie feststellen, daß Sie sich auf Ihre innere Uhr verlassen können. Nur am Anfang tauchen Sie vielleicht einige Minuten zu früh oder zu spät auf, doch das ist nicht weiter schlimm.

Eine andere Methode ist, mit Hilfe eines Tonbandes zu arbeiten. Sie können mit ruhiger, gelassener und tiefer Stimme einen Meditationstext auf ein Tonband oder auf eine Kassette sprechen. Am Ende der Meditation sprechen Sie auf das Band eine Formel wie: »Ich komme jetzt langsam aus der Meditation zurück. Ich atme dreimal kräftig ein und aus und öffne gleich frisch und gestärkt meine Augen. Ich bin wieder bereit für die Welt.« Dieses Tonband lassen Sie während Ihrer meditativen Übung ablaufen.

DER EINSTIEG

Mit zunehmender Übung wird Meditation immer leichter für Sie, und Sie können dann auf Vorbereitungen und Einstiegshilfen weitgehend verzichten. Immer leichter werden Sie nach einigen Monaten in der Lage sein, einen Zustand der Versenkung zu erreichen. Vorerst bieten Ihnen aber einige Einstiegsmodelle eine gewisse Unterstützung. Viele der im Hauptteil dieses Buches genannten Meditationen arbeiten mit ganz bestimmten Einstiegsübungen. Daran sollten Sie sich halten. Wenn jedoch kein Einstieg angegeben ist, Sie aber das Gefühl haben, eine Hilfe zu brauchen, kann Ihnen eines der beiden folgenden Programme helfen.

Am besten ist es, wenn Sie einen der folgenden Texte auf ein Tonband oder auf eine Kassette sprechen. Am besten gelingt Ihnen das, wenn Sie dabei in einer meditativen Stimmung sind. Eine der im Kapitel ›Die Vorbereitung‹ genannten Übungen kann Ihnen dazu verhelfen. Sprechen Sie ganz gelassen und ruhig. Dieses Tonband spielen Sie dann bei Meditationsbeginn ab.

Ich spüre das Gewicht meines Körpers auf der Unterlage – meine Augenlider sind geschlossen – meine Aufmerksamkeit ist nach innen gerichtet – eigenartige Muster bewegen sich vor meinem inneren Auge – obwohl die Augen fest geschlossen sind, ist um mich nicht alles schwarz und dunkel.

Dort, wo der Körper die Unterlage berührt, spüre ich Druck und mein Gewicht, das ich nun gar nicht mehr selbst zu tragen brauche, sondern ganz der Unterlage anvertraue.

Der Atem geht sanft und frei, und ich lasse ihn genauso fließen, wie er will – sein Rhythmus trägt mich, und mit jedem Einatmen fühle ich mich leichter – und mit jedem Ausatmen lasse ich noch ein wenig mehr los und sinke tiefer in die Unterlage, die mich trägt.

Geborgenheit umgibt mich – und das Außen weicht immer mehr zurück – Gedanken kommen und gehen – doch wichtig ist nur noch die Ruhe in mir – das innere Fließen und Strömen des Atems, das mich weiter und tiefer trägt in meine eigene Mitte – die Gedanken des Tages, Probleme und Sorgen – sie verblassen im Hintergrund – und all das, was bisher so wichtig erschien, all das ist nun wie hinter einem Vorhang verborgen – rückt weiter und weiter in den Hintergrund – und ich bin auf dem Weg in die Tiefe und Mitte – jene Mitte, wo ich in Ruhe und Frieden bin – jene Mitte auch, wo ich bereit und offen bin, einer anderen Wirklichkeit zu begegnen – meiner eigenen tiefsten Wirklichkeit…

Text 2

Nachdem ich alles Äußere zur Meditation vorbereitet habe, will ich mich nun innerlich vorbereiten. Die Ruhestellung, die ich eingenommen habe, werde ich beibehalten, denn es gilt nichts mehr zu tun, außer dazusein – ganz wach für das Innen. Der Atem geht ganz von selbst, wie immer oder meistens – und nun, gerade jetzt, wo ich ihn beachte, wird er mir bewußt, und so spüre ich sein Fließen ganz deutlich, und während der Körper in dieser Ruhe immer schwerer wird und tiefer sinkt, macht das sanfte Einatmen mich zugleich leichter und freier – freier von allem. Mit jedem Ausatmen aber sinke ich tiefer und tiefer – immer tiefer. Ich vertraue mich ganz der Unterlage an, die mich trägt, und ich lasse mich tragen, lasse los von allem, was mich bisher beschäftigt hat, alle Probleme des Tages und meines Lebens, alle Fragen und Gedanken, Gefühle – ja sogar den Körper – ich lasse all das mit jedem Ausatmen weiter zurück – und ich mache mich mit jedem Einatmen bereit für das Neue in mir, für die Stille in meiner Mitte, für jenen Teil meines Wesens, der offen ist, neue Erfahrungen zu machen, aufzumachen für diese andere Wirklichkeit, die auch in mir lebt und der ich mich nun hingeben will. – So wird das Außen immer nichtssagender und verschwommener, die innere Wirklichkeit aber klarer – fast greifbar.

– Es ist eine Wohltat, ja eine Erholung, nichts tun zu müssen, einfach loszulassen, geschehen zu lassen, was von selbst geschieht – offen zu sein – da zu sein – Zeit zu haben und zu spüren. – Ich bin geborgen in diesem Erlebnis, wie in einer großen Kuppel – außerhalb von Raum und Zeit – alles kann ich wahrnehmen und klar durchschauen – ich bin gelöst und doch mit vielem verbunden – ja mit allem verbunden, was da in mir lebt. – Und doch bin ich auch geschützt vor allen äußeren Dingen und den Ablenkungen des täglichen Lebens. – Der sanfte Atem führt mich noch immer weiter und tiefer, und ich öffne mich mit jedem Einatmen mehr und mehr für all das Neue, Geheimnisvolle, das da auf mich zukommen mag – in meinem Inneren – aus meinem Inneren – ganz offen bin ich für die Erfahrungen aus meiner Mitte – ganz eins mit meiner Mitte – mit ihr und mit aller Mitte – ganz bereit für die Erfahrungen der reinen, tiefen Wirklichkeit...

MEDITATIONEN
FÜR DEN
ZWILLING

ZWILLINGE

Zeitraum:	21. Mai–21. Juni
Symbol:	♊
Element:	Luft
Planetenherrscher:	Merkur
Prinzip:	Intellekt, Kommunikation, Sprache, Funktionalität.
Kennsatz:	»Ich kann.«

Die Zwillinge sind das Zeichen, das im letzten Frühlingsdrittel herrscht. Die Kraft des Tages strebt ihrem Höhepunkt zu. Die Bäume stehen in voller Pracht und strecken sich dem Himmel entgegen. So zieht es auch die Zwillinge in den Außenraum. Sie durchbrechen die Begrenzungen, die der Stier geschaffen hat, und versuchen damit, ihren Erlebnisbereich auszudehnen. Neugierig begibt sich der Zwilling-Geborene auf Entdeckungsreise, um die Welt der Erscheinungsformen zu erforschen. Dazu muß er damit beginnen, zu zergliedern und zu analysieren. Hier beginnt die Polarisierung der Einheit, die Aufspaltung in Subjekt und Objekt, jedoch ohne die beiden Pole einer Wertung zu unterziehen. Im Zwilling-Menschen herrscht noch eine Harmonie der Gegensätze. Er benötigt das Aufspalten, das Zergliedern und Ordnen, um sich im Außenraum zu orientieren, um durch Bezeichnen und Benennen die Angst vor den neuen Erfahrungen zu bannen.

Im Zwilling-Zeichen finden wir damit auch die Geburt der Sprache, die uns als wichtigstes Instrument dazu dient, mit der Umwelt in Beziehung zu treten, Kontakte und Verbindungen herzustellen. Kontakte und das Erfassen von Wirklichkeit bleiben beim Zwilling-Menschen jedoch noch an der Oberfläche seiner Persönlichkeit. Bevor er sich tiefer damit befassen kann, treibt ihn die Neugierde bereits weiter. Es geht ihm mehr darum, die Konturen der Dinge zu erfassen als deren Inhalte. Sein Erkennen der Welt hat etwas Scherenschnitthaftes und reicht nicht in die Tiefe. Der Zwilling-Geborene begegnet daher allem unverbindlich. Er identifiziert sich ausschließlich mit seinem Intellektualismus und neigt dazu, alles zu relativieren. Dies treibt er so weit, bis alles sich ins Gegenteil verkehrt und keine Werte mehr bestehen bleiben. Er selbst verliert dann jeden Halt, und alles erscheint ihm sinnlos.

Hierin liegt die große Gefahr für den Zwilling. Seine Aufgabe ist es, die ungeheure, ihm zur Verfügung stehende Flexibilität positiv einzusetzen. Mit ihrer Hilfe kann er die Fähigkeit zu einer wertneutralen Einstellung entwickeln, einen Überblick erhalten, die Synthese finden und diese Erkenntnisse der Umwelt vermitteln. Diese Tendenz zeigt sich bereits im Planetenherrscher des Zwillings-

Zeichens. Es ist der Merkur, der in der griechischen Mythologie als Götterbote Hermes Vermittler zwischen Himmel und Erde war.

Die Zwillinge sind das erste Luftzeichen im Tierkreis. Und wie uns im Stier die Erde in Beziehung zu allen anderen Lebewesen setzt – die Erde, aus der wir kommen, in der wir wurzeln –, so verbindet uns auch die Luft mit allen anderen Lebewesen. Es ist immer dieselbe Luft, die wir atmen, Freund wie Feind. Die Luft ist außerdem das Trägerelement unserer Sprache. Die Schwingungen, die wir beim Sprechen erzeugen, pflanzen sich in der Atmosphäre fort. Die Luft ermöglicht uns damit die verbale Kommunikation und verhilft zu einer Verbindung mit allen Dingen. Wir erleben dadurch eine Ausdehnung unserer Beziehungen. Und so zeichnet sich der Zwilling-Geborene durch die ständige Suche nach neuen Kontakten aus, um durch diese Erweiterung des Seins zu wachsen.

Charakteristische Eigenschaften des Zwilling-Menschen sind daher geistige und motorische Flexibilität sowie Interesse an allem, ohne sich damit zu identifizieren, denn das würde ihn am Weitergehen hindern, am Suchen nach neuen Erfahrungen und Eindrücken. Der Zwilling ist höchst anpassungsfähig und vermeidet ernsthafte, tiefgehende Auseinandersetzungen. Seine Umgebung mit all ihren Problemen vermag ihn nicht lange zu fesseln, denn anderswo erregt ständig Neues seine Aufmerksamkeit.

Von seinem Wesen her ist das Zwillingsprinzip nicht gerade ein typisches Meditationszeichen, da es eben den bevorzugten Tummelplatz des Intellekts und dessen Bedürfnisse darstellt.

Versuchen Sie als Zwilling deshalb, auf allen möglichen anderen Ebenen das luftige und intellektuelle Bewegungsbedürfnis einzulösen: Suchen Sie sich freie, luftig-weite Plätze zum Meditieren, geben Sie Ihren Sinnen möglichst viel »Nahrung«, zum Beispiel können Sie farbiges Licht machen, auch wenn Sie die Augen geschlossen haben, werden Sie die unterschiedliche Lichtqualität empfinden, verwenden Sie verschiedene Düfte aus Ölen oder Räucherstäbchen, bringen Sie durch neue Meditationsmusik oder andere Meditationstechniken Abwechslung in Ihren Meditationsalltag.

ZWILLINGE-MEDITATIONEN

Die Zwillinge sind das Zeichen des Intellekts, der Benennung von Dingen, der Kommunikation und der Sprache. Auf der körperlichen Ebene werden den Zwillingen die Lungen zugeordnet. An Meditationsformen entsprechen deshalb dem Zwilling-Prinzip: Wort- und Atem-Meditationen und Meditationstechniken, die beim Intellekt ansetzen.

Mantra-Meditation

Das Wort Mantra kommt aus dem Sanskrit und bedeutet soviel wie heilige Silbe oder heiliges Wort. Mantra-Meditationen bauen auf der Macht der Worte auf, die unser Innerstes mit der Außenwelt in Verbindung bringen und genauso kraftvoll von außen auf uns einwirken können. Mantren sind jedoch eine besondere Form der Worte. Sie haben einen tiefen religiösen Gehalt und können die Fähigkeit besitzen, uns für das Göttliche zu öffnen.

Der Lama A. Govinda erklärt: »Mantren sind weder magische Beschwörungsworte, deren innewohnende Macht die Gesetze der Natur aufhebt, noch sind sie Formeln für die psychiatrische Therapie oder zur Selbsthypnose. Sie besitzen keine irgendwie eigene Macht, sondern sind Mittel zur Erweckung und Konzentrierung bereits vorhandener Kräfte der menschlichen Psyche. Sie sind archetypische Laut- und Wortsymbole, die ihren Ursprung in der natürlichen Struktur unseres Bewußtseins haben.«

Die Wirksamkeit von Mantren läßt sich also durch ihre Bedeutung als archetypisches Symbol erklären, das uns Zugang zu tiefen Regionen unserer Psyche ermöglicht. In der Transzendentalen Meditation (TM) werden Mantren als »Fahrstuhl ins Unterbewußtsein« gedeutet.

Eine Rolle spielt jedoch auch die Schwingung der Silben. In der Hindu-Tradition wird davon ausgegangen, daß die Grundstruktur unserer Welt Schwingungen sind, die sich in der Materie konzentrieren und im kosmischen Klang ihre zarteste Ausprägung haben.

Unabhängig von allen diesen Erklärungsversuchen steht fest, daß Mantra-Meditationen sehr wirksam sind und uns einem kosmischen Bewußtseinszustand näher bringen können.

Die Wahl des richtigen Mantras ist ein wichtiger Vorgang. In einigen Meditationsschulen wird dieses Problem dadurch erleichtert, daß Ihnen ein erfahrener Lehrer ein ganz persönliches Mantra zuteilt. In der TM etwa wird Ihnen Ihr Mantra während einer feierlichen Zeremonie zugeflüstert. Sie dürfen es niemandem verraten, weil es seine Wirkung verlieren würde. Diese Vorgehensweise ist umstritten. Viele Lehrer halten von dieser Geheimnistuerei nichts und empfehlen, sich ein Mantra aus dem großen Schatz der heiligen Worte auszuwählen. Dabei ist es egal, aus welcher Sprache das Mantra stammt. Wichtig ist nur, daß es für Sie persönlich keine Bedeutung hat. Wir schlagen Ihnen im folgenden eine Reihe von Mantren vor, Sie können sich für eines davon entscheiden.

Rama ist eines der zugleich einfachsten wie wirkungsvollsten Mantren aus dem Hinduismus. Es stammt von dem Sanskritwort »ram« ab, das übersetzt »sich freuen« bedeutet. Mit dem heiligen Wort Rama richten wir unsere Aufmerksamkeit auf den Quell immerwährender Freude tief in uns. Mahatma Gandhi hat mit diesem Mantra meditiert. Erweiterte Formen dieses heiligen Wortes sind *Om Sri Ran jai Ran jai jai Ran* (»Es möge Freude herrschen«) und

Hare Rama Hare Rama
Rama Rama Hare Hare
Hare Krischna Hare Krischna
Krischna Krischna Hare Hare.

Die Übersetzungen: Hare – der unser Herz in Besitz nimmt; Rama – der uns mit unendlicher Freude erfüllt; Krischna – der uns zu sich zieht. In dieser Formel wird Gott in drei verschiedenen Namen angerufen.

Das Bittgebet *Om namah Schivaya* ist im Süden Indiens weit verbreitet. Mit ihm wird der Gott Schiva angerufen, damit er der Selbstsucht ein

Ende bereite. Übersetzt heißt dieses Mantra: »Ich ergebe mich Schiva.«

Aus dem buddhistischen Bereich stammt die Anrufung des »Juwels im Lotus des Herzens«: *Om mani padme hum,* in der das Herz mit der Lotusblüte verglichen wird, die im Buddhismus eine tiefe spirituelle Bedeutung hat. Der Lotus ist ein Symbol vollkommener Reinheit. Mit diesem Mantra können wir daher unser Bewußtsein reinigen, um es klar leuchten zu lassen und zu öffnen.

Barukh attah Adonai stammt aus dem jüdischen Glauben und bedeutet etwa: »Gesegnet seist du, o Herr.«

Das bekannteste Meditationswort der Welt ist *OM.* Es beinhaltet die drei Elemente A, U und M, die für das Wachbewußtsein, das Traumbewußtsein und den Zustand des Tiefschlafs stehen. In ihrer Synthese entsteht das Mantra OM und damit ein übergeordnetes kosmisches Bewußtsein. OM ist ein vollkommenes Symbol für die unpersönliche Gottheit, für die Einheit. In dieser Silbe finden wir deshalb eine der wirkungsvollsten Meditationshilfen überhaupt. OM ist eng verwandt mit dem Wort *Amen,* das daher ebenfalls als Mantra verwendet werden kann.

Auch das Sprechen von Gebeten, wie es in der christlichen Tradition üblich ist, ist eine Form der Wortmeditation, besonders ausgeprägt im katholischen Rosenkranz-Beten.

Wenn Sie sich für ein Mantra entschieden haben, sollten Sie es so schnell nicht mehr wechseln.

Meditieren Sie zweimal täglich mit Ihrem Mantra, am besten morgens nach dem Waschen und vor dem Frühstück sowie am Abend. Jeweils 20 Minuten sind ausreichend. Beginnen Sie Ihre Meditation mit Entspannungstechniken und der Suche nach Ihrem persönlichen Schwerpunkt, wie wir es im Kapitel ›Die Praxis der Meditation‹ beschrieben haben. Sitzen Sie in der von Ihnen bevorzugten Meditationsstellung, schließen Sie die Augen und versuchen Sie, sich von den Umwelteinflüssen zu lösen. Wiederholen Sie Ihr Mantra ständig in Gedanken oder sprechen Sie es laut aus. Wenn Ihnen etwas durch den Kopf geht, lassen Sie es geschehen, richten dann aber gleich wieder Ihre Aufmerksamkeit auf Ihr Mantra. Sie beenden die Meditation, indem Sie tief ein- und ausatmen, Ihren Körper bewegen und dann die Augen öffnen.*

* Ein Buch über diese Meditationstechnik ist »Mantram« von Eknath Easwaran, nach dem wir Ihnen die verschiedenen Mantren beschrieben haben. Eine der am weitesten verbreiteten Schulen für Mantra-Meditation ist die der Transzendentalen Meditation.

Metapher-Meditation

Diese Meditationsart bedient sich eines Wortes als Auslöser für Meditationsketten. Metaphern sind gleichnishafte Ausdrücke, die Aussagen bildhaft machen und verstärken.

Maria Brunnhuber erklärt die Wirkungsweise dieser meditativen Übung so: »Die Metapher-Meditation bringt Worte, die wir oft nur so dahinsagen, in Beziehung zur eigenen Person, verbindet abstraktes Denken mit der Bilderwelt der Seele, löst festgefahrene oder leergewordene Formeln auf, hilft, persönliche Erfahrungen anzunehmen, zu verarbeiten und darzustellen.«

So trägt die Metapher-Meditation dazu bei, Inhalte Ihres Unbewußten ans Tageslicht zu bringen.

Mit Metaphern können Sie allein oder in einer Gruppe meditieren. Wählen Sie zuvor ein Wort, das Sie bildhaft beschreiben wollen, etwa ›Glück‹, ›Leben‹, ›Liebe‹, ›Angst‹, ›Treue‹. Begeben Sie sich in Ihre meditative Lieblingsstellung. Suchen Sie Ihren Schwerpunkt und atmen Sie bewußt. Lassen Sie dann Ihr ›Stichwort‹ in Ihr Bewußtsein eindringen, es anfüllen, und assoziieren Sie bildhaft, was dieses Wort bedeutet. Zum Beispiel können diese Bilder entstehen:

– Glück ist wie der Luftzug, den ein Schmetterlingsflügel verursacht.
– Leben ist wie der weiße Gischt, der auf den Wellen zum Ufer getragen wird.

- Liebe ist wie die Wärme, die von einer Kerzenflamme ausgeht.
- Angst ist wie die kalte Dunkelheit einer feuchten Winternacht.
- Treue ist stark wie die Rüstung eines mittelalterlichen Ritters.

Erlauben Sie Ihren Gedanken, beliebig zu wandern. Folgen Sie ihnen und beobachten Sie die Bilder, die aus Ihrer Seele aufsteigen. Aber analysieren Sie nicht und werten Sie nicht. Verhalten Sie sich wie ein staunendes Kind, das überall Wunder entdecken kann. Beenden Sie diese Meditation in der üblichen und bewährten Art: tief atmen, sich dehnen, rekeln und strecken, langsam die Augen öffnen und in die Gegenwart zurückkehren.

Geführte Meditationen

Geführte Meditationen wurden in den letzten Jahren bei uns unter den verschiedensten Namen wie kathatymes Bilderleben, Phantasiereisen, geführte Tagträume usw. populär. Obwohl sicherlich ähnlich alt wie andere Meditationstechniken, verdankt diese Richtung ihren heutigen Aufschwung der besonderen Eignung für den westlichen, intellektbetonten Menschen. Während nämlich die allermeisten östlichen Meditationssysteme von Anfang an darauf zielen, die während der Meditation auftauchenden Gedanken und Phantasien als lästige Störenfriede loszuwerden, machen geführte Meditationen gerade diese Gedanken und Bilder zu Stufen auf Ihrem Weg zur Mitte.

Darüber hinaus paßt diese Technik auch deshalb gut in unsere Zeit, weil sie sich, wie nur wenige andere, unserer modernen Möglichkeiten bedienen kann, nämlich der Tonträger. Während es grundsätzlich nicht so leicht ist, etwas so Praktisches wie Meditation theoretisch aus einem Buch zu lernen, gibt es für geführte Meditationen kein besseres Medium als Tonkassetten – abgesehen von einem persönlichen Lehrer.

Auch ist es bei dieser Technik möglich – ja, sogar empfehlenswert –, sie im Liegen durchzuführen. Man erspart sich so den für westliche Menschen zumindest anfangs sehr schwierigen aufrechten Meditationssitz. Das Vorgehen ist im Gegenteil äußerst einfach. Notwendig ist lediglich ein bequemer, ungestörter Liegeplatz (wie das eigene Bett, der Teppich usw.) und ein Tonbandgerät. Von der Stereoanlage bis zum einfachen Kassettenrecorder ist alles geeignet, als besonders günstig erweisen sich die mit Kopfhörer ausgerüsteten Kleinstgeräte (Walkman). Natürlich kann man sich eine geführte Meditation auch von jemandem vorlesen lassen, allerdings erfordert das bei dem Lesenden einige Übung, um die richtige Geschwindigkeit und Betonung zu treffen. Auch die passende Hintergrundmusik wird dann von ihrer Art und Lautstärke her leicht zum Problem. Im Anhang finden Sie für diesen Fall verschiedene Musiken, wobei darauf zu achten ist, daß besonders wirksame Musiken gerade nicht besonders »schön« sein sollten. Eine einprägsame Melodie und ein sich in den Vordergrund drängender Rhythmus sind eher hinderlich. Geeignete Meditationsmusiken sollten im Hintergrund bleiben und eine ruhige Stimmung verbreiten, also nicht etwa ihre Wirkung durch Lautstärke erzielen. Förderlich ist, wenn sie obertonreich sind, um die verschiedensten Saiten in uns zum Mitschwingen zu bringen. Zusätzliche Meditationshilfen könnten Räucherstäbchen oder Kerzen sein, die Ihre Umgebung in Ein-klang mit Ihrem Vorhaben bringen.

Tatsächlich sind geführte Meditationen keine neuen Erfindungen, sondern uralte Bestandteile von Einweihungszeremonien und lange vergessenen Ritualen. Folglich wird sich ihre Wirkung auch heute noch durch die entsprechende Umgebung verstärken lassen. So wie es sofort einleuchtet, daß ein Ritual im feierlichen Rahmen eines entsprechend vorbereiteten Domes tiefer gehen kann, als auf dem Hauptbahnhof einer Großstadt, so mag es auch klar sein, daß eine Meditation in einem symbolisch stimmigen Rahmen tiefer geht. Heute sind wir in der Lage, den Sinn all dieses »Drumherums« auch verstandesmäßig zu begreifen. Das ist zwar für die Wirksamkeit des betreffenden Rahmens ziemlich unwichtig, mag uns rationale Menschen aber motivieren, uns um den richtigen Rahmen intensiver zu bemühen. Dank moderner Gehirnforschung wissen wir, daß wir uns in den

Wohlstandsgesellschaften des Westens fast ausschließlich auf die linke Gehirnhälfte verlassen. Sie arbeitet analytisch zerlegend, streng rational und regiert unsere Sprache und damit unser im wesentlichen vernunftgeprägtes Denken. Nun geht es aber bei Meditation nicht um unsere eine (in diesem Fall linke) Hälfte, sondern um die Mitte und das Ganze. Um aber in die Mitte (zwischen linke und rechte Gehirnhälfte) zu kommen, ist es für westliche Menschen besonders notwendig, die ignorierte Gehirnhälfte anzuregen und ins Gleichgewicht mit ihrem Gegenpol zu bringen. Die rechte Gehirnhälfte »denkt« ganzheitlich, vielmehr in großen Mustern als in Einzelheiten, sie nimmt etwa ganze Bilder wahr, »Gestalten«; sie ist auch der Grund, aus dem Mythologien und Märchen aufsteigen. Wenn wir nun mit Tönen und Musik Stimmungen erzeugen, Farben und Düfte nutzen, um in sich stimmige Muster aufzubauen, regen wir unsere rechte Gehirnhälfte an und bewegen uns damit auf die Mitte zu.

Hier mag auch noch ein weiterer Grund für die zunehmende Beliebtheit solcher Meditationen liegen: Diese Technik arbeitet ja ausschließlich mit Symbolen und Gestalten, um die eigenen inneren Bilder anzuregen und spricht damit vor allem unsere zu kurz gekommene (rechte) Seite an. Der entscheidende Trick ist dabei allerdings, daß die ersten Schritte von unserer rationalen (linken) Seite durchaus mitverstanden und folglich mitgegangen werden und die Umpolung kaum merklich und wie von selbst erst im Laufe der Reise geschieht. Diese Umpolung vom rein rationalen Verstehen zum ganzheitlichen Erleben ist und war zu allen Zeiten Ziel von Meditationstechniken, und wo immer geführte Meditationen in früheren Zeiten benutzt wurden, waren sie eingesponnen in einen Rahmen, der die entsprechende Umpolung förderte. Wenn Indianer auf ihre innere Reise gingen, um ihr Totemtier zu finden, hatten sie sich eingehend vorbereitet durch Fasten, Schwitzhütten und andere Rituale, die sie in Einklang mit den vier Elementen brachten. Westliche Magier aber trafen symbolisch ganz ähnliche rituelle Vorkehrungen, wenn sie sich auf ihre Trancereisen begaben. So ist die Technik der geführten Meditation eine uralte, die sich aber sehr elegant und wirksam in unsere heutigen Lebensumstände einbauen läßt. Tatsächlich erfordert sie den entsprechenden rituellen Rahmen auch nicht zwangsläufig – er ist lediglich förderlich. Auch auf dem schon erwähnten Hauptbahnhof sind solche Meditationen (z. B. mit einem Walkman) möglich, wie auch auf Reisen mit Bus, Zug oder Flugzeug. Für den Anfang empfiehlt sich allerdings eine geschütztere und intimere Atmosphäre, die die ersten Schritte durch ihre Ein-stimmigkeit fördert.

Als konkretes Beispiel hier nun eine geführte Zwillingsmeditation, wobei noch erwähnt werden sollte, daß diese Meditationstechnik natürlich für alle Tierkreistypen möglich ist, aber auf den Zwilling besonders zugeschnitten erscheint. Schließlich handelt es sich hier ja um Vermittlung durch Sprache. Im Spiel mit den Worten – ein Lieblingsbereich des Zwillings – geht es darum, sich in innere Bilder zu verwickeln und Verbindungen zu unserer inneren Welt herzustellen. Auch die Verführung von einer Ebene zu einer tieferen, die hier mit Redewendungen und den kleinen, schon erwähnten Tricks, wie Tönen und Düften geschieht, ist ein dem Zwilling vertrautes Thema, ist doch Merkur, sein Herrscher, gerade auf die Vermittlung zwischen innerer und äußerer Welt, zwischen Himmel und Erde spezialisiert. Als Götterbote verbindet Merkur ja die olympische Götterwelt mit unserer Menschenwelt.

Zwillingsmeditation:
Vermittlung – Verbundenheit

Legen Sie sich also, nachdem Sie für äußere Ungestörtheit gesorgt haben, bequem hin, die Beine nebeneinander, die Arme locker seitlich vom Körper. Sie können sich auch gut mit einer leichten Decke zudecken und dadurch Ihr Geborgenheitsgefühl noch vertiefen. Jetzt schließen Sie die Augen und lassen sie geschlossen, denn alles, was jetzt geschieht, wird innen geschehen. Sie werden eine weite Reise machen, doch ausschließlich nach innen. Die wirklichen Abenteuer sind immer innen – und so bleiben die Augen wie von selbst zu, und unsere inneren Augen übernehmen die Führung –, und tatsächlich gibt es innen mindestens ebensoviel zu sehen wie außen. Wir brauchen nur an irgend etwas zu denken, und schon erscheint es vor unserem inneren Auge. Unsere Gedanken und Phantasien funktionieren einfach so: Kaum denken wir an ein gelbes Postauto, fährt es auch schon durch unsere innere Welt. Ja, es ist im Gegenteil schwer, diesen Prozeß abzuschalten. Wir können uns noch so vornehmen, daß jetzt kein Postbote aus dem gelben Auto steigt, im selben Moment, wo wir an ihn denken, ist der Postbote auch schon da, geboren in unserer Phantasiewelt steigt er aus seinem gelben Auto, und ganz ähnlich ist es mit allen Gedanken und Vorstellungen. Die innere Welt ist mindestens so vielfältig und bunt wie die äußere, ja, noch vielfältiger, denn in der inneren Welt können wir uns sogar Dinge vorstellen, die es außen gar nicht oder noch nicht gibt. So nämlich werden alle Erfindungen gemacht. Sie entstehen, wie alles andere auch, zuerst innen, und die äußere Gestalt wird später nach dem inneren Bild geschaffen. Wir aber bleiben jetzt ganz bei unseren inneren Bildern und betreten die vielfältigen Landschaften unserer Phantasie, und es ist jetzt gerade eine sehr belebte Landschaft, eine Frühlingswiese mit all ihren geschäftigen Insekten, und Sie gehen durch diese Wiese, gehen mit lockeren Schritten, tief und voll atmend über die Wiese. Das Wetter ist freundlich, es weht ein leichter Wind, und Sie fühlen sich luftig und frei, fühlen sich so heiter wie die Stimmung um Sie herum, sind in entspannter, angenehmer Bewegung wie die unzähligen weißen Wolken, die sich vom Wind sanft über den hellblauen Frühlingshimmel treiben lassen. Die Luft ist vom Summen der Bienen erfüllt, und Sie nehmen sich einen Moment, um deren geschäftigem Treiben zuzusehen. Gerade verschwindet eine in einem violetten Blütenkelch – die ganze Blume zittert einen Moment, wird von innen durchgeschüttelt, und schon erscheint wieder das Hinterteil der Biene, und, ehe Sie sich versehen, kommt schon die nächste Blüte dran. Sie folgen der Biene auf ihrem Ausflug und besuchen mit ihr die verschiedensten Blumen mit den unterschiedlichsten Düften, und Sie nehmen diese Düfte in sich auf – das ist sehr gut möglich, denn unsere inneren Sinnesorgane sind sogar noch empfindlicher als die äußeren –, und so erleben Sie auch die Qualität des feinen Blütenstaubes und das sanfte Schwingen der Blütenkelche, wenn die Biene in ihrem Innern arbeitet. Die Blumen wechseln – und mit ihnen der Duft – ihre Farbe auch und ihre Form – jede ist für sich ein kleines Wunder – und Sie verweilen nirgends lange – folgen der Biene auf ihrem geschäftigen Weg durch diesen heiteren Junitag. – Jetzt fallen sogar ein paar vereinzelte Regentropfen – wie aus heiterem Himmel –, aber die Tropfen sind nicht kalt, sondern angenehm lau, und die Sonne wird auch bald wieder hinter dieser etwas größeren Wolke hervorkommen und die paar Tropfen im Nu wieder trocknen. Mit dem kurzfristigen Wetterwechsel wechselt auch die Stimmung auf der Wiese, der leichte Wind wird deutlicher spürbar; auch die Wolken am Himmel scheinen nun schneller zu ziehen, und das Summen der Wiese wird schwächer – Sie haben nun auch Ihre Aufmerksamkeit von der Biene gelöst und folgen statt dessen einem gelben Schmetterling auf seinem zappeligen Flug von Blüte zu Blüte – gerade hat er sich auf einer Margerite niedergelassen – deutlich spüren Sie dabei sein sprunghaftes Wesen, das ihn nirgends länger als einen kurzen Moment verweilen läßt. Fast könnte er treulos erscheinen, dieser schimmernde Zitronenfalter, dabei ist es nur die Verlockung des Augenblicks, die ihn weiterträgt – es gibt so viele Blumen und Plätze – sie alle lassen sich verbinden durch seinen unendlichen Zickzackflug. Fast ist es, als trüge der Zitronenfalter Botschaften von Ort zu Ort, so bestimmt folgt er seinem seltsamen Weg – darin ist er dem Briefträger vom Anfang ähnlich, dessen gelbes Auto auch im beständigen Wechsel hielt und wieder losfuhr, von Besuch zu Besuch. Und tatsächlich trägt auch der Schmetterling Botschaften, den Samen der Blüten nämlich – jenen Blütenstaub, der wie unbeabsichtigt an ihm hängen bleibt. Und so verbindet er auf seine spielerische Art tatsächlich all die besuchten Blüten in einem tieferen Sinne miteinander – bringt sie alle zusammen und kümmert sich doch selbst kaum darum. Darin wiederum gleicht er dem Wind, der ebenfalls den Blütenstaub mit sich trägt und so nicht nur die Blumen, sondern auch die Gräser und

Stauden, die Sträucher und mächtigen Bäume miteinander verbindet und ganz nebenbei befruchtet. Und wenn der Wind auch manchmal heftiger wird und die Pflanzen beutelt und biegt, so ist er doch lebenswichtig für sie – ohne die von ihm leichthin gestifteten Verbindungen und Beziehungen müßte das Leben vieler Pflanzen und auch unsere Wiese zugrunde gehen. – Und wie Sie so durch die Wiese streifen zwischen all den Blumen und Kräutern, Gräsern und kleinen Stauden, erleben Sie den Wind nun ganz anders, ganz neu, spüren fast seine Bedeutung, die er mit seiner leichten, luftigen Art zu überspielen sucht – er nimmt sich wohl selbst nicht so wichtig – doch das macht nichts und paßt gerade zu ihm – Sie erkennen nun sein Gewicht für das Ganze – die ganze blühende Wiese und all das Wachsen der Natur – ohne Verbindungen und Beziehungen wäre die Wiese sehr bald langweilig, leblos und tot.

So aber hängt alles zusammen – wenn auch auf kaum wahrnehmbare Weise. Sie haben es nun durchschaut und gehen in Gedanken versunken weiter – in jene Richtung, in der Sie am Wiesengrund einige hohe Pappeln stehen sehen und größere Büsche kurz davor. Vorsichtig setzen Sie Fuß vor Fuß, um das harmonische Gefüge der Wiese möglichst wenig zu stören – dieses große Gewebe aus Pflanzen und Insekten, Wind und Regentropfen, aus weichem Erdboden und wärmender, kraftspendender Sonne – und diese Sonne wärmt nun auch Sie wieder auf Ihrem Weg zum Wiesenrand – sie hat die spärlichen Regentropfen längst getrocknet und hüllt die ganze Landschaft in warmes Frühlingslicht. – Bei den Sträuchern angekommen, suchen Sie sich einen angenehmen Platz zum Ausruhen – dort, unter dem großen Holunderbusch, wo das Gras so dick ist, daß es ein bequemes Lager bildet – dort lassen Sie sich nieder, legen sich hin, den Kopf auf ein etwas erhöhtes Graspolster. – Über Ihnen wölben sich nun die Äste des Holunderbusches wie eine Kuppel gegen den blauweißen Himmel, und Sie riechen den frischen Duft der weißen Blütendolden. Und noch ein anderer bekannter Duft mischt sich darunter – ja, tatsächlich, dort neben Ihnen stehen auch einige Pfefferminzpflanzen und ein paar Schlüsselblumen. Doch jetzt wandert Ihr Blick zurück zum Baldachin aus Holunderzweigen über Ihnen, und wieder erscheint Ihnen alles wie ein großes, zusammenhängendes Gewebe – die Zweige und grünen Blätter – die weißen Blütendolden dazwischen und die weißen Wolken auf dem blauen Hintergrund – und der Himmel – wirklich wie ein großes, weites Zelt – und der Holunderbusch wie ein kleines Zelt und Sie darunter und im Mittelpunkt von allem – der Mittler zwischen Himmel und Erde, Holunderbusch und Körper, Gras und Wolken – und so gehen langsam Ihre Augen zu, und das Gewebe der alles verbindenden Beziehungen und Verhältnisse bleibt – wohl, weil es auch in Ihnen lebt, auch in Ihnen alles verbunden ist, zusammenhängt und Teil des einen großen Musters ist. Es ist

Ihnen, als spürten Sie den Wind, den guten Bekannten, nun auch in sich – und tatsächlich ist er da – ist die Luft in Ihnen – strömt durch Nase und Mund herein und verteilt sich über die Bronchien bis in die allerfeinsten Verzweigungen der Lungenbläschen – die ganze Brust ist durchströmt von Luft – frischem Wind, und durch die hauchdünnen Wände der Lungenbläschen gelangt die Essenz des Windes, jenes Prana, die Lebensenergie, von der der Sauerstoff nur ein kleiner Teil ist, in Ihr Blut, in die roten Blutkörperchen, und diese tragen die Essenz des Lebens über all die unzähligen, sich unendlich verzweigenden Blutgefäße, bis zur letzten Zelle des Körpers – und tatsächlich stehen so alle Zellen miteinander in Verbindung – atmen dieselbe Luft – fast so, wie auch alle Lebewesen auf der Wiese von derselben Luft atmen – und eigentlich alle Lebewesen auf der Welt. – Und Sie spüren die Verbundenheit all Ihrer Körperzellen über die frische Luft, die Sie einatmen. Es ist wirklich ein einziges großes Gewebe aus verbundenen Zellen, die zusammen arbeiten und leben. – Und da ist noch so ein Netz, das sich durch den ganzen Körper zieht, ähnlich dem Geflecht der Blutgefäße, das Netzwerk der Nerven nämlich. Es beginnt in feinsten Verästelungen schon direkt unter der Haut – die unzähligen haarfeinen Nervenfasern dringen in die Tiefe des Körpers und verbinden sich mit anderen zu größeren Nervenbahnen und Kanälen, werden zu richtigen Ästen und streben zum Rücken, wo sie eigenartige Zentren bilden, die die ganze

Wirbelsäule hinauf reichen bis zum Gehirn, dem letzten und größten Zentrum. Auch auf dieser Ebene hängt alles mit allem zusammen, steht in Verbindung. – Alles hält lebendige Beziehung zueinander, Informationen und Energieimpulse jagen hin und her und halten die komplizierte und doch so harmonische Ordnung im Gleichgewicht. Und das Nervengeflecht ist der Vermittler dieser Harmonie. Es verbindet, wie die Lunge, außen und innen, oben und unten. – Und nun wird Ihnen das große Gewebe auf allen Ebenen bewußt – nicht nur innen – auch draußen steht alles in Beziehung – auf der Wiese auch, aber nicht nur dort. – Jetzt taucht der Feldweg am Rande der Wiese vor Ihrem inneren Auge auf, und wie Sie ihm aus der Luft weiter folgen, wird er bald breiter und trifft schließlich auf eine kleine geteerte Straße, und die führt auf eine Hauptstraße – und Sie schweben darüber, verfolgen das ganze Schauspiel aus der Luft – und es ist dasselbe Schauspiel, das Sie schon von den Nerven im eigenen Körper und Ihrer Lunge kennen. Die Hauptstraße trifft auf andere große Straßen, und sie wird zu einer mehrspurigen Autobahn, und die Autos sausen auf ihr dahin wie eben noch die roten Blutkörperchen durch die Gefäße und die Impulse über die Nervenbahnen. Die Autobahn endet ebenfalls in einem wahren Gewirr von Straßen und Wegen – die große Stadt scheint das Gehirn für die Straßen zu sein, der große Knotenpunkt, wo alles zusammenkommt und von wo aber auch alles wieder auseinanderläuft und sich in alle vier Winde verteilt. – Auch hier also hängt alles mit allem zusammen, steht in Verbindung, hält Beziehung zueinander und miteinander – wieder das große Gewebe der Wirklichkeit.

Und andere Ebenen der Verbundenheit tauchen auf aus Ihrer eigenen Tiefe – oder kommen sie von draußen herein? – gleich-gültig – da ist schon wieder der Postbote vom Anfang mit seinem gelben Auto – und auch er ist Teil eines solchen riesigen Netzes – seine Briefe und Päckchen sind die roten Blutkörperchen und die Impulse in den Nervenbahnen – ja, das ist ein noch viel größeres Netzsystem als das der Straßen und Wege, denn diese selbst sind ja nur ein kleiner Teil davon. Auch Schiffe auf ungezählten Wasserstraßen auf den verschiedensten Meeren der Welt gehören dazu, und all die Flugzeuge helfen mit, Städte, Länder und Kontinente zu einem großen Netz zusammenzuschließen. Auf ihren Fluglinien reisen Briefe und Nachrichten um die ganze Welt. – Und da hängt noch ein anderes Netz an diesem Gewebe, noch größer und weiter, und vor allem reisen die Nachrichten in ihm viel schneller, und so schließen sie die Welt noch enger zusammen. Das Telegraphennetz erlaubt Nachrichten in Sekundenschnelle von einer Stadt zur anderen, ja, von Kontinent zu Kontinent zu schicken, ja, es reicht sogar bis in den Weltraum hinaus und macht ihn so zum Teil des großen, weltumspannenden Netzes der Vermittlung zwischen den Teilen des Ganzen. –

Sie spüren die Verbundenheit nun in sich im kleinen – Ihrem Körper – und draußen im großen – der Welt. Aber auch auf allen Ebenen dazwischen besteht dasselbe Netz und verbindet und vermittelt. Da sind all die Menschen miteinander verbunden, die Zeitung lesen und vor allem jene, die dieselbe Zeitung haben, nehmen sie doch dieselbe Information auf. Und auch all die Fernsehzuschauer sind miteinander verbunden und die Leser desselben Buches untereinander und mit dem Autor. Und die Börse verbindet all jene, die in irgendeiner Form mit Wirtschaft zu tun haben. Im kleinen sind natürlich auch all jene Menschen miteinander in Verbindung, die denselben Vortrag, dieselbe Musik hören und dieselbe Meditation machen. Und natürlich sind auch all jene verbunden, die unter demselben Urprinzip geboren sind, wie etwa dem des Zwillings, des verbindenden, in Beziehung setzenden Prinzips. –

Lösen Sie sich nun allmählich wieder von den inneren Bildern und tauchen Sie allmählich auf, ohne irgend etwas zu vergessen, was Sie auf Ihrer Bilderreise erlebt haben. Ja, Sie können es anschließend sogar aufschreiben. Auch das würde gut zum Zwilling passen. Jetzt aber lassen Sie sich Zeit, nehmen langsam, aber bewußt Ihren Atem wieder unter Kontrolle und atmen einmal tief durch, bewegen die Finger ein wenig und strecken und räkeln sich, und dann erst öffnen Sie die Augen und orientieren sich wieder ganz bewußt.

Das ist nur eine Möglichkeit unter vielen, sich dem Zwillingsthema in einer geführten Meditation zu widmen. Diese eine Variante können Sie auch auf Kassette, gesprochen und mit geeigneter Meditationsmusik unterlegt, bekommen. Es lohnt sich, diese Meditation oft zu wiederholen, und es schadet gar nichts, wenn Sie den Text dann schon kennen; im Gegenteil, gerade dann sind Sie in der Lage, wirklich in die Tiefe zu gehen und Ihre eigene Beziehung zu diesem Thema zu erleben. Es geht hier ja gerade nicht um Überraschung und Abwechslung für unseren Intellekt. Das mag für Unterhaltung wichtig sein. Bei Meditationen, und das gilt nicht nur für die geführten, sondern für jede Form, geht es genau um das Gegenteil. Der Intellekt soll beiseite bleiben, und das erreicht man hauptsächlich durch Techniken, die dem Intellekt langweilig sind, bestenfalls sterbenslangweilig. Ob wir nun bei der Zen-Meditation immer unseren eigenen gleichen Atem beobachten, ständig versuchen, bei der Mantra-Meditation an dieselbe Silbe zu denken, oder eben immer wieder dieselbe geführte Meditation hören, ist dann gleichgültig. Und doch kann es nach längerer Zeit sein, daß man seinen eigenen Bezug zu einem Thema geklärt hat und in der ganzen Tiefe versteht, und dann kann es hilfreich sein, sich ein neues Thema zu wählen.

So könnten Sie etwa ein mythologisches Thema wählen und über den antiken Zwillingsmythos von Castor und Pollux oder Romulus und Remus meditieren.* Legen Sie sich dabei am besten wieder

* Liz Greene, Astrologie und Schicksal. (Der Zwillingsmythos) München 1985.

zur Meditation hin und lassen sich die Geschichte langsam vorlesen, wobei Sie in die einzelnen Figuren und ihre Rollen hineinschlüpfen sollten, wie bei unserer obigen Meditation.

Genauso können Sie mit dem Zwillingsmärchen von den Goldkindern* verfahren. Lassen Sie es sich erzählen und meditieren dabei. So gibt es noch viele Themen, die Sie nutzen können, wenn Sie mit der grundsätzlichen Technik einmal vertraut sind. Dazu empfiehlt sich für den Anfang allerdings am besten die oben vorgegebene Meditation.**

* Grimms Märchen. Die Goldkinder.
** Weitere geführte Zwillingsmeditationen finden Sie auf den Meditationskassetten von Rüdiger Dahlke: »Luft, Wasser, Erde, Feuer«, »Elementewesen«, »Atemmandala«, »Schleier der Zeit«, »Tempel der Selbsterkenntnis«. Alle Kassetten sind erschienen bei Edition Neptun, München.
Die hier beschriebenen geführten »Zwillingsmeditationen« sind ebenfalls bei Edition Neptun, München, auf Kassette erschienen.

Geführte Meditation:
Merkur (Hermes)

Die Vorbereitungen zu unserer Reise zum Merkur sind sehr einfach: Suchen Sie sich einen vor Störungen geschützten Platz, bequem und aufrecht sitzend oder entspannt liegend, die Beine nebeneinander, die Arme locker seitlich vom Körper und schließen die Augen – alles weitere wird sich nun innen abspielen, vor Ihrem inneren Auge – und es kann und wird viel passieren – und das ist auch gut so – zumal wir keine Angst zu haben brauchen, denn Merkur, der Gott, der das Zwillingszeichen regiert, ist ja auch der Gott der Reisen und der Reisenden, und so wird er uns beistehen und leiten.

Und Sie lassen jetzt erst einmal los von allen Problemen des Tages, allen Gedanken und Erwartungen – es gibt nichts zu tun – Merkur wird sich uns wie von selbst enthüllen – wir brauchen nur unsere Reise zu beginnen, schon ist er zur Stelle.

Allmählich spüren Sie auch schon, wie der Körper schwerer wird und die Gedanken dafür leichter und fließender – bereiter auch, auf diese Reise zu gehen, und obwohl die Beine schwer und unbeweglich auf dem Boden aufliegen, wird das innere Gefühl leichter, ja, manchmal fast schwebend. Und die Hände, auch sie liegen ganz bewegungslos neben dem Körper, und doch sind sie sehr bewußt, wie mit Bewußtsein angefüllt. Und wie Sie sie so mit Bewußtsein anfüllen, fühlen sich Ihre Hände so eigenartig an – ganz anders als gewohnt und doch angenehm – ist es Energie oder nur Wärme, was dieses eigenartige Gefühl bewirkt – oder einfach eine Folge des Bewußtseins, das sich hier nun zentriert – fast könnte man glauben, sie – die Hände – würden leichter, und wenn sie wollten, könnten sie jederzeit hochsteigen –, aber genauso gut können sie auch schwerer – viel schwerer – werden, wenn das Bewußtsein sie weiter ausfüllt, und es ist eigentlich ganz gleich-gültig, wie schwer oder auch leicht Ihre Hände werden, sie fühlen sich einfach anders an, und es kann sehr gut sein, daß Sie die Veränderung erst einmal äußerlich nur sehr wenig wahrnehmen, und das ist in Ordnung, denn dieser Vorgang ist ja vor allem ein innerer. Und auch sind die Hände nun eigentlich gar nicht so wichtig, sie geben nur sehr häufig das erste Zeichen, daß die Reise begonnen hat, aber es ist gleich-gültig, und ebenso gut kann es die Schwere in den Beinen sein, die anzeigt, daß die Reise nach innen schon längst begonnen hat oder das Zittern der Augenlider, ein eigenartiger Schluckreflex auch manchmal oder einfach die Stille, die in uns entsteht, wenn wir so ruhig daliegen – die Reise hat schon begonnen, und es geht sehr leicht – wir brauchen auch gar nicht bis zum Olymp zu reisen, um Merkur zu finden, sondern sind im Gegenteil ganz auf der Erde, ja, unter der Erde eigentlich, im dämmrigen Licht einer Grotte. – Hier nämlich, im antiken Griechenland, genauer in der Felsengrotte des Berges Kyllene, steht die Wiege des Merkur, hier hat ihn Maia als Folge ihrer heimlichen Liebesnacht mit dem Göttervater Zeus zur Welt gebracht. Den Moment der Geburt aber haben wir gerade verpaßt und sehen nun den jungen Gott, bereits zum Knaben herangewachsen, die Grotte verlassen. Er muß es sehr eilig gehabt haben heranzuwachsen, und schon die erste Gelegenheit, wo sich Mutter Maia nur einen Augenblick abwandte, hatte er auch sogleich genutzt, um sich davonzustehlen. In Windeseile, wie er auch schon herangewachsen ist, springt er nun quicklebendig ins sonnige Licht seines ersten Lebenstages hinaus. Wie er so offensichtlich vor Lebensenergie strotzt und abenteuerlustig und vor allem neugierig auszieht, um die Welt kennenzulernen, wirkt er so anziehend, daß Sie ihm dicht auf den Fersen folgen, ihm dabei immer näher kommend, und ja, Sie schlüpfen einfach in ihn hinein, schließlich spüren Sie ja auch genug von ihm in sich, und so fällt es leicht, in seine Haut zu schlüpfen – er – Hermes – der junge Gott zu sein.

Sie spüren nun all seine jugendliche Kraft, die Abenteuerlust und Neugierde, den Mut auch. – Als die Sonne den Zenit erreicht, liegt die heimatliche Grotte schon weit zurück, und das fühlt sich sehr gut an. Sie sind eben frei und beweglich, und das nutzen Sie nach Herzenslust aus. Wie Sie so wohlgemut durch die sonnige griechische Landschaft ziehen, den Duft der Kräuter einatmend, den leichten Wind angenehm auf der Haut spürend, wird Ihr Blick vom verlassenen Panzer einer

Schildkröte angezogen – und sofort ist da auch schon die passende Idee. Mag die Schildkröte ihr Haus nicht mehr gebraucht haben, für Merkur kommt es gerade recht, und unversehens schnitzen und bauen Sie sich eine Leier daraus. Wie es einem jungen Gott entspricht, ist das Werkzeug ebenso magisch schnell zur Hand, wie das handwerkliche Geschick schon mitgebracht ist, und auch die Fähigkeit, auf der fertigen Leier sogleich kunstfertig zu spielen, muß ein Geschenk der Götter sein. Die Musik fließt Ihnen geradezu aus den Händen und begleitet den weiteren Weg durch trockenes, sonnenbeschienenes Land, an Zypressenhainen vorbei geht der Weg – Abenteuer liegen in der Luft – sie ist überhaupt voller Leben, diese Luft, die Sie atmen – nicht nur zahllose Insekten beleben sie – nein, auch jeder Atemzug für sich scheint voller Leben zu sein. Die würzige Luft verbindet Sie mit all den Insekten, die Sie umschwirren und mit der ganzen Landschaft – Innen und Außen stehen in Verbindung, und es ist die eine Luft, die diese Verbindung schafft, es ist die Lust, sie einzuatmen. So viele Kräuter tragen in dieser Landschaft mit ihrem Duft zum Reichtum der Atemluft bei – der Duft der Zitronenmelisse ist gerade besonders intensiv. – Und voller Unternehmungsdrang streifen Sie durch dieses Land, das nur mit Büschen und Sträuchern überzogen ist. Mit Ihren geschickten Händen schieben Sie die Zweige mühelos auseinander, und plötzlich enden die Büsche, und Sie stehen vor einer von Buschland eingeschlossenen Weidefläche, auf der eine kleine Rinderherde friedlich grast. Und sogleich weiß Merkur in Ihnen, daß es sich um die Herde des Halbbruders Apoll handelt; und trotzdem oder eigentlich gerade deswegen reift der Gedanke zu einem verwegenen Streich in Ihnen: die Herde zu entführen. »Stehlen« könnte man es auch nennen, aber Ihnen geht es doch viel mehr um den Streich, und auch ist es eine gute Gelegenheit, gleich einmal den Kontakt zu den Göttern herzustellen und die eigenen Rechte anzumelden.

Sehr geschickt treiben Sie die Herde durch den schmalen Weg, der Sie hergeführt hat, und die Töne der Leier helfen dabei; sie scheinen die Tiere zugleich zu beruhigen und zu führen, und so dauert es gar nicht lange, bis Sie einen sicheren Ort gefunden haben, wo sich die Herde mühelos verbergen läßt. In aller Ruhe legen Sie sich nun gleich bei der Herde unter einen Olivenbaum, schließen die Augen und sind dankbar für den Augenblick und die gut genutzte Gelegenheit. – Und so bringen Sie einen der Stiere als Dankopfer dar. Vor Ihrem inneren Auge vollzieht sich das Opferritual. Für sich selbst nehmen Sie einen kleinen Teil des Fleisches, und den Rest bekommen die Flammen des Opferfeuers zu Ehren der Olympischen Götter – Ihrer Familie.

Und ist es der zum Himmel aufsteigende Rauch oder der allesverbindende Wind, schließlich bemerkt Apoll den Diebstahl, und nun ist es für Sie Zeit, sich im Olymp zu melden. Als Kind des Göttervaters bedarf es nur eines Gedankens, und schon finden Sie sich inmitten der Versammlung der Götter. Anfangs macht es Spaß, den Diebstahl auf die Ihnen eigene charmante Art zu leugnen und von der richtigen Spur abzulenken – zu verlockend ist es, mit den Worten und ein bißchen auch mit der Wahrheit zu spielen, die ersteren und auch die letztere ein wenig zu wenden und zu verdrehen – und sei es im Munde der anderen – Worte und Zahlen sind doch eigentlich Spielzeuge – und mit Spielzeugen sollte man doch auch spielen, sie entsprechend handhaben.

Als Sie aber merken, daß die anderen dieses Spiel sehr viel ernster nehmen, geben Sie alles zu – zu weit wollen Sie es ja auch nicht treiben, nicht wirklich streiten. Alle sind erleichtert, als Sie nach dem so geschickten Verwirrspiel mit einem Schuß Selbstironie zu der kleinen Entführung stehen. Niemand kann Ihnen da wirklich böse sein, und sogleich fahren Sie fort, in Ihrer gewitzten Art und mit raffiniertem diplomatischem Geschick, den Nachteil in einen Vorteil zu verwandeln – aus der Schande eine Ehre für sich und die Götter zu machen. Und als Sie schelmisch gestehen, daß Sie das Opfer ganz gerecht in zwölf Teile geteilt und elf zu Ehren der Olympischen Göttergesellschaft verbrannt und nur den zwölften, Ihnen zustehenden Teil, behalten hätten, haben Sie endgültig gewonnen. Die Götter und selbst Zeus sind von so viel frechem Witz und Verhandlungsgeschick geradezu entwaffnet. Weil Ihnen Ihr Platz im Olymp damit schon sicher ist, nützt der Göttervater gleich die Gelegenheit und macht Sie, auf Ihre schon gezeigten, angeborenen Fähigkeiten vertrauend, zu seinem Boten, der von nun an zwischen dem Himmel der Götter und der Erde der Menschen zu vermitteln hat, die beiden Ebenen solcherart verbindend.

Um dieser Aufgabe als Vermittler noch besser gerecht zu werden, bekommen Sie jetzt den geflügelten Helm und die geflügelten Sandalen, die in Windeseile und wenn notwendig noch flinker von Ebene zu Ebene tragen, die Schritte und die Gedanken im wahrsten Sinne des Wortes beflügelnd.

Diese Aufgabe als Götterbote gefällt Ihnen und steht Ihnen auch so gut, daß keiner der anderen Götter auch nur daran denkt, Einspruch gegen Sie, den neuen Gott, das neue Prinzip, zu erheben. So wichtig ist Ihre Rolle schon jetzt, Verbindungen müssen überall geschaffen werden – Sie spüren diese Notwendigkeit mit Leib und Seele – und machen sich auch gleich auf den Weg – denn ja – auch die Wege sind natürlich Ihr Revier, führen sie doch die Menschen zueinander, verbinden Städte und Länder miteinander. Aber nicht nur die geraden Wege sind Merkurs Pflicht und Aufgabe, auch die gewundenen und verschlungenen Wege unterstehen Ihnen, und selbst die krummen Wege scheuen Sie nicht. Auch manche halbe Wahrheit kann wichtige Verbindungen schaffen, und selbst die Lüge bewirkt immer noch Verbindung, wenn auch auf falsche Weise. Wie der Handel, bei dem die

Waren ja von Hand zu Hand wandern, gehört so auch der Diebstahl in Merkurs Reich, schafft doch auch er eine Verbindung, wenn auch eine illegale. Und Sie spüren die Freude über all die Möglichkeiten in Ihrem Revier – Bewegung und Verbindung sind Ihnen Aufgabe und Berufung, nicht etwa juristische Einschätzung oder gar moralisierende Bewertung. Geschickte Diplomatie kann solche Rücksichten nicht nehmen, und schließlich gilt es ja, die extremsten Gegensätze zusammenzubringen, schließlich sind Sie der Gott der Händler *und* der Diebe. Austausch ist die Devise – Vermitteln die Aufgabe – und dabei kommt Ihnen Ihre natürliche Neutralität zugute und auch die Fähigkeit, die Relativität aller Dinge und Standpunkte zu erkennen. Bei all den vielfältigen Aufgaben bleiben Sie heiter und locker in Ihrem Vorgehen und Verhandeln, und so kommt es, daß Ihnen niemand wirklich böse sein kann, auch wenn Ihre Verpflichtungen des öfteren die Grenzen der Gesetzlichkeit und vor allem der Moral und des geziemenden Ernstes verletzen. Schließlich ist es niemals Ihre Absicht, zu verletzen um des Verletzens willen oder zu schaden um des Schadens willen, im Gegenteil, Sie wollen nur Bewegung ins Spiel bringen, damit alles gut läuft – und »gut« bedeutet nun einmal: gut geölt, leicht und locker. Daß solche Aktivitäten nicht allzu tief gehen, braucht nicht Ihre Sorge zu sein, dafür gibt es andere Prinzipien, andere Götter. Sie sind einfach gern heiter und überall dabei und verbinden, was sich auf Ihre Art verbinden läßt. Kommunikation und Vermittlung sind Ihr Reich, und wenn einmal heftiger Streit aus einer Verbindung wird, ist es immer noch Zeit, Mars das Feld zu räumen. Geht auf der anderen Seite eine Verbindung über den Flirt hinaus und wird zur Liebe, tritt Merkur bereitwillig zugunsten von Venus zurück. Er ist der Herr an der Oberfläche, was zu tief geht, ist ihm fremd und auch, was zu schwer wiegt; mit leichter Hand vermitteln Sie Beziehungen und wachen über den Verkehr zwischen den Menschen, weisen ihnen den Weg – und oft genug neue Wege, wie etwa in Wissenschaft und Forschung.

Aber auch die Wege, die zu den menschlichen Urfragen führen, unterstehen Ihnen, und so ist Merkur auch der Führer der Seelen in die Unterwelt – und auch der Vermittler des letzten Wissens, der dreimal große Hermes ist er, der den Kernsatz aller Esoterik auf seine smaragdene Tafel geschrieben hat: »Das, was oben ist, ist wie das, was unten ist.« Wer könnte diese Wahrheit »Wie oben – so unten« auch besser vermitteln als Merkur-Hermes, der Vermittler zwischen Himmel und Erde. Als Hermes-Toth untersteht ihm auch jener geheimnisvolle Weg des Tarot… und alle anderen Wege, die Umwege aber auch und alle Abkürzungen – mit allem haben Sie zu tun, und alles interessiert Sie, und so spüren Sie nun all das Merkuriale in sich immer noch deutlicher werden, spüren, wie es auch Ihnen Freude macht, zu vermitteln und Dinge und Menschen in Beziehung zu setzen, wie Merkur in Ihnen und in Ihrem Leben wirkt und schon immer wirkte. – So erleben Sie nun all die Neugierde in sich – die Lust, den Mut aber auch, neue Wege zu suchen, zu finden und zu gehen – und ebenso die Freude, andere auf neue Spuren zu bringen, Türen zu öffnen, Wege zu weisen, Richtung zu geben – überall dabeizusein – Bewegung zu machen – zu verbinden, was zusammengehört – und auch das, was nicht zusammengehört. – Hin- und herzureisen zwischen Oben und Unten. – Zu vermitteln zwischen göttlichen Prinzipien und menschlichen Bedürfnissen. –

Die letzte Wahrheit und das Spiel mit all den Halbwahrheiten – und so schauen Sie sich auch all die Beziehungen in Ihrem Leben an – die not-wendigen und die über-flüssigen. –

Und all die Halbwahrheiten. –

Und auch jene letzte, in diesem Moment faßbare Wahrheit… Nehmen sich nun Zeit, viel Zeit, um Merkurs Handschrift in Ihrem Leben zu ent-dekken und die Chancen zu erkennen, die sein Prinzip bietet.

Atem-Meditationen

Unser Atem hat eine einzigartige Zwischenstellung zwischen Körper und Seele – er verbindet beide miteinander, weshalb er auch sehr gut unter das Zwillingsprinzip paßt, dessen Anliegen es ja auch ist, zu verbinden und zu vermitteln. Diese Mittlerstellung rückte den Atem zu allen Zeiten in den Mittelpunkt des menschlichen Interesses und machte ihn auch zum wichtigen Fahrzeug auf dem spirituellen Weg. Der Zusammenhang zwischen Atem und Leben muß den Menschen von Anfang an bewußt gewesen sein, beginnt doch in den meisten Schöpfungsgeschichten das Leben mit dem Atem: Etwa wenn Gott dem aus roter Erde geformten Körper des Adam sein Leben einhaucht oder wenn im hinduistischen Mythos die ganze Schöpfung als Brahmas Aus- und Einatmen beschrieben wird. Schon der frühen Menschheit muß die Not-wendigkeit des Atems zum Leben einsichtig gewesen sein, sicherlich deutlicher jedenfalls als die Beziehung etwa zum Herzschlag.

Der Atem ist aber nicht nur von Anfang an Symbol des Lebens, sondern auch der grundlegendste Ausdruck der Polarität. Zwischen den beiden Extremen der Atemwelle, dem Ein und dem Aus, der Fülle und der Leere spielt sich das polare Leben ab. Jene Momente, wo der Atemfluß stillsteht, liegen damit außerhalb der Polarität, und tatsächlich haben wir im Tod mit dem Ende des Atems auch das Ende der polaren Welt, und ein Erlebnis der Einheit geschieht, wie inzwischen vielfach belegt (etwa von dem amerikanischen Arzt Moody oder der Schweizer Sterbeforscherin Elisabeth Kübler-Ross). Stillstand des Atems muß aber nicht in jedem Fall das Ende des Lebens bedeuten, wohl aber das Ende der Polarität. So ist bekannt, daß manche Yogis den Atem willentlich anhalten können, wenn sie sich in tiefe Trance versetzen. Sie nehmen dann allerdings nicht mehr teil am Leben der Polarität, sind nicht mehr auf derselben Ebene mit uns. Beschreibungen aus jenen Bereichen, in die solche entwickelten Menschen in Zeiten des Atemstillstands gelangen, ähneln in gewisser Weise jenen der reanimierten Patienten, die mit Hilfe moderner Medizin gerade noch einmal zurück ins Leben geholt wurden. All diese Berichte zeichnen sich durch das Fehlen der Gegensatzspannung der polaren Welt aus und beschreiben Einheitserfahrungen in den verschiedensten Versionen. Die Einheit aber ist ja das Ziel aller *Medi*-tation, und kurze Begegnungen mit ihr sind nicht selten der Grund, warum Menschen auf den Weg der Meditationen gelangen. Wer einmal von der Einheit gekostet hat, erkennt in ihr den tieferen, den eigentlichen Grund des Lebens und widmet gern seine Zeit der weiteren Suche nach ihm.

Interessant sind in diesem Zusammenhang auch medizinische Untersuchungen an Meditierenden, die einen eindeutigen zeitlichen Zusammenhang ergaben zwischen Perioden des Atemstillstands und Erlebnissen der Transzendenz.

Es verwundert daher nicht, daß der Atem in vielen Meditationstechniken erhebliche, wenn nicht gar zentrale Beachtung erfährt. So dreht sich in einer der beiden Hauptschulen des Zen alles um die Beobachtung des eigenen Atemflusses. Allmählich beruhigt sich dabei der Atem immer mehr. Um so sanfter und weniger er aber wird, desto mehr löst sich der Meditierende von der polaren Alltagswelt und kommt damit der Einheit näher. Zur Zen-Tradition gehören aber noch einige andere Elemente, die eine Zuordnung zum Zwillingsprinzip verbieten, und so wird die Zen-Meditation dann dort, nämlich unter dem Steinbockprinzip, besprochen.

Unter das Zwillingsprinzip gehört dagegen wieder die Dhikr-Meditation der Sufis. Eine ihrer Formen beruht auf einem rhythmischen Kreistanz einer Gruppe von Meditierenden, bei dem spezielle Mantren gesungen werden. Auch hier spielt der Atem eine zentrale, wenn nicht gar die entscheidende Rolle, wird er doch durch die monotone Bewegung der Gruppe in eine bestimmte Form gebracht.

Es ist spannend zu beobachten, wie sich der Atem der Teilnehmer durch gemeinsames Bewegen und Singen in kürzester Zeit synchronisiert. In ähnlich nachhaltiger Weise beeinflußt auch der Wirbeltanz der Derwische die Atmung und kann so ebenfalls zu Erfahrungen der Einheit führen. Bei aller tanzenden Bewegung bleibt die Mitte des Meditierenden doch in vollkommener Ruhe; erfährt man diese Ruhe in der Mitte, ist man auch der Einheit nahe.

Die beiden letztgenannten Meditationsformen aus der Tradition der islamischen Sufis sollen hier nicht näher ausgeführt werden; um sie in der Praxis auszuüben, bedarf es sowieso erfahrener Anleitung.

Schließlich haben auch alle Meditationstechniken, die mit Mantramsingen einhergehen, auch erhebliche Auswirkungen auf den Atem, da die Silbenfolge der Mantren und die Länge derselben den Atem in ein bestimmtes Muster bringt. Gleiches gilt auch für Rezitationen, wie sie im Zendoge üblich sind, aber auch im Hinduismus, bei Indianerritualen und etwa auch bei den Litaneien und Anrufungen im katholischen Ritual. All diese Formen sollen hier aber nicht näher beschrieben werden, denn als Ganze betrachtet gehören sie doch eher unter andere Urprinzipien, wie etwa das Mantramsingen unter das Stierprinzip. Bei solchen Zuordnungen geht es ja vor allem darum, diejenigen Meditationen zu finden, die dem jeweiligen Prinzip am nächsten liegen. Dem Stierprinzip aber liegt das Singen nahe, und daß es dabei auch ums Atmen geht, ist sekundär und beim Singen meist gar nicht bewußt. Dem Zwillingsprinzip liegt dagegen das Atmen an sich nahe und folglich auch Meditationen, wo es im Vordergrund steht:

Farbatmen

Eine typische Form wäre hier das Farbatmen. Es beginnt am angenehmsten im Anschluß an eine Entspannungsübung wie etwa Autogenes Training, Progressive Entspannung nach Jacobsen oder auch nach einer geführten Entspannungsmeditation. Anfangs ist es sicher im Liegen am leichtesten, kann später aber auch gut im Sitzen durchgeführt werden. Man schließt die Augen, legt die Arme entspannt seitlich vom Körper und beginnt sanft und bewußt durch die Nase zu atmen. Dabei stellen Sie sich vor, mit der Atemluft eine Farbe einzuatmen; prinzipiell ist das natürlich mit jeder möglich. Zum Zwilling paßt aber am besten die Farbe Gelb, und so sollten Sie mit ihr beginnen. Während Sie also Gelb einatmen, ja, mit der Luft hereinsaugen, stellen Sie sich vor, wie dieses Gelb Sie ausfüllt: Zuerst dringt es nur in die Lunge, dann aber geht es weiter bis in den Bauch, ja, die Beine und den Kopf natürlich, auch in die Arme, und Sie werden so immer voller von Gelb. Sicherlich gibt es bestimmte Orte in ihrem Körper, die ein dringenderes Bedürfnis nach Gelb haben als andere, es geradezu aufsaugen. Sie lassen es geschehen, atmen so lange Gelb ein, bis jeder Bereich in Ihnen damit gesättigt ist.

Dann wiederholen Sie das Ganze mit einer anderen Farbe, und zwar am besten mit der, die Ihnen als erste spontan in den Sinn kommt. Auch diese Farbe atmen Sie so lange ein, bis alles in Ihnen mit

diesem Farbton abgesättigt ist. Anschließend benutzen Sie die nächste Farbe, und Sie können weiter atmen, bis Sie schließlich den ganzen Regenbo-
gen eingeatmet haben.

Diese Meditation ist nicht nur sehr entspannend,
sie kann auch heilend wirken; denn tatsächlich
beinhaltet sie auch noch eine besondere Art der
Therapie mit Schwingungen. Die moderne Physik
demonstriert uns heute, daß alles, auch wir selbst,
aus Schwingungen besteht. Nun ist farbiges Licht
aber auch Schwingung, und so stellt jede Farbe
eine andere Frequenz und damit Schwingungs-
ebene dar. Bei der Farbatmung haben wir also die
Möglichkeit, gerade die Schwingungen hereinzu-
holen, die uns fehlen, uns somit vollständiger –
heiler – zu machen.*

* s. a. die Meditationskassette: Atemmandala/Farbman-
dala (Edition Neptun). Die Seite »Farbmandala« stellt eine
ganz ähnliche Atemmeditation dar, wobei Sie von der
Stimme eines Arztes und entsprechender Meditationsmusik durch den Prozeß geführt werden.

Vokalatmen

Ganz Ähnliches gilt für das sogenannte Vokalatmen. Auch Töne sind ja Schwingungen und können durchaus heilende Wirkung entfalten, wie wir aus zahlreichen Ritualen von den Schamanen bis zur christlichen Kirche wissen.

Beim Vokalatmen beginnt man am besten wie schon beim Farbatmen mit einer Entspannung, an die sich tiefes Atmen anschließt. Beim Ausatmen öffnet man dann den Mund, und der Ausatemstrom formt den Vokal A, wobei der im Körper mitschwingende Bereich deutlich zu spüren ist. Nun läßt man einige Minuten »A« erklingen, das nur durch die kurzen Einatemphasen unterbrochen wird. Diese Meditation macht noch mehr Spaß, wenn man sie zu mehreren erlebt. Dann entsteht ein ununterbrochenes Schwingungsfeld, das nicht einmal durch das Luftholen unterbrochen wird, da die verschiedenen Teilnehmer zu unterschiedlichen Zeiten einatmen. Auf das »A« folgt sodann das »E«, und wir erleben, daß nun ein ganz anderer Bereich unseres Körpers ins Mitschwingen gerät. Ähnliches gilt für die folgenden Vokale »I«, »O« und »U«. Natürlich kann man die einzelnen Töne auch ineinander übergehen und so eindrucksvolle Klangmuster wachsen lassen. Besonders in der Gruppe kann diese Meditationsart zu einem tiefen und lange anhaltenden Erlebnis werden.

Rebirthing

Die wohl tiefgreifendste Atemmeditation ist die erst in den letzten zehn Jahren unter dem Namen »Rebirthing« populär gewordene Hyperventilationstechnik.

An sich ist auch diese Technik uralt – schon in ältesten indischen Schriften finden sich entsprechende Beschreibungen, aber auch in den Aufzeichnungen Israel Regardies über die Golden-Dawn-Rituale zu Beginn dieses Jahrhunderts findet sich eine genaue Beschreibung dieser Meditation. Es empfiehlt sich durchaus nicht, diese Technik von Anfang an alleine, d. h. ohne kompetente Führung durchzuführen.

Die Gründe, warum wir sie trotzdem hier aufführen, sind folgende:

1. Bei allen möglichen anderen Atemmeditationen kann – z. B. wenn Angst oder erhebliche Anspannung hinzukommen – Hyperventilation unbeabsichtigt passieren. In solchen Fällen ist es hilfreich zu wissen, daß es das als eigene Atemtechnik gibt und daß subjektiv bedrohlich erscheinende Begleitumstände, wie Verkrampfung oder Engegefühle durchaus zum Ablauf der Hyperventilationstechnik gehören und gerade mit Hilfe des Weiteratmens durchschritten werden können.

2. Hyperventilationen kommen im täglichen Leben gar nicht so selten vor und werden dann meist medizinisch mit Spritzen usw. wegbehan-

delt. In solchen Fällen läge eine große Chance darin, ganz bewußt und freiwillig diese Meditationstechnik zu nutzen, um sich von den entsprechenden Ängsten zu lösen.

3. Diese Technik ist wie kaum eine andere geeignet, schnell und sehr tiefgreifend Zugang zu den eigenen inneren Energien zu bekommen und kann als Vorstufe für viele andere ruhigere Meditationsformen geeignet sein und so den Weg zur eigenen Mitte bereiten helfen.

Im Verlaufe des Rebirthing kommt es zu einer regelrechten Energieüberschwemmung des Organismus durch intensives Atmen. Dadurch können alte, vielleicht schon seit langem verschüttete Kanäle wieder geöffnet und zum Teil wunder-volle Energieerlebnisse empfunden werden. Zumindest die ersten Schritte in diesem Bereich sollte man aber unbedingt an der Seite eines erfahrenen Atemtherapeuten gehen.

Himmel-Erde-Atmung

Eine weitere Atemmeditation, die dem Planetenherrscher des Zwillings, Hermes-Merkur, dem Vermittler zwischen Götter- und Menschenwelt, entspricht, ist die Himmel-Erde-Atmung.

Setzen oder stellen Sie sich bequem hin. Nehmen Sie die Unterlage, durch die Sie mit dem Unten, der Erde, in Verbindung sind, genau wahr. Spüren und ertasten Sie sie ganz genau, vertrauen Sie sich ihr vollkommen an. Je inniger Sie mit diesem Punkt verbunden sind, je sicherer Sie hier stehen, um so besser können Sie in den Himmel wachsen.

Nun wenden Sie Ihre Aufmerksamkeit dem Atem zu. Holen Sie den Atem vom Steißbein oder den Füßen, je nachdem, ob Sie sitzen oder stehen, ganz hoch bis in Ihren Kopf, bis zur Fontanelle, wo sich das Scheitelchakra befindet. Stellen Sie sich dabei vor, daß Ihre Fontanelle wie ein Trichter zum Himmel hin geöffnet ist. Lassen Sie Ihren Atem an dieser Stelle in den Kosmos strömen. Wenn Sie dann ausatmen, lassen Sie Ihren Atem im Körper abwärts sinken, bis zu jenem Punkt, wo Sie die Erde berühren. Schicken Sie den Ausatem dabei tief in die Erde, bis in ihren Mittelpunkt, wo er vom Feuer der Erde gereinigt wird. Wenn Sie nun wieder einatmen, holen Sie die gereinigte Energie, die Kraft der Erde in sich herein und lassen sie wieder hochströmen bis zur Fontanelle, und weiter darüber hinaus. Beim Ausatmen lassen Sie dann die Kraft des Himmels in sich einfließen. Üben Sie so lange, bis Ihnen diese Achse der Himmel-Erde-Verbindung ganz bewußt geworden ist und Sie sich wie eine Brücke fühlen zwischen Mikrokosmos und Makrokosmos, zwischen unten und oben.

Yogi-Vollatmung

Die Yogi-Vollatmung gilt als eine der Grundlagen der Atemübungen im Yoga. Sie können diese Übung im Stehen, Sitzen oder Liegen durchführen. Entspannen Sie sich und suchen Sie Ihren Schwerpunkt im Hara. Richten Sie Ihre Aufmerksamkeit auf den Atem. Fühlen Sie ihn und folgen Sie seinem Rhythmus. Atmen Sie nun aus und langsam durch die Nase wieder ein. Zählen Sie beim Einatmen in Gedanken bis 8 und versuchen Sie dabei quasi in einer geschmeidigen Wellenbewegung, Bauchbereich, mittleren Brustbereich und den oberen Teil der Lungenflügel ganz zu füllen. Danach beginnen Sie die Ausatmung. Lassen Sie zuerst den Bauch einsinken, ziehen Sie dann die Rippen zusammen und senken Sie am Schluß die Schultern. Lassen Sie die Luft durch die Nase vollständig ausströmen. Verharren Sie nun einige Sekunden lang und beginnen Sie dann wieder mit dem ruhigen, wellenförmigen Einatmen, das Ihre Lungen von unten nach oben gleichförmig füllt. Durch diese Atmung werden Sie einen Zustand ausgeglichener Ruhe, der Harmonie, der Sicherheit und des Friedens erreichen.

Ha-Atmung

Die Ha-Atmung ähnelt der Yogi-Vollatmung. Sie bringt Harmonie in Körper, Geist und Seele und hat durch die Betonung des Ausatmens eine psychische Reinigungswirkung. Wir lernen loszulassen, die Atemluft von uns zu geben, und werden uns des Atem-Rhythmus bewußt.

Stehen Sie mit gespreizten Beinen in der Hara-Stellung. Atmen Sie in derselben Weise durch die Nase ein wie beim Yogi-Vollatmen. Ihre Lungenflügel füllen sich gleichmäßig und wellenförmig von unten nach oben mit Luft. Während des Einatmens heben Sie die Arme langsam senkrecht über den Kopf. Zählen Sie dabei bis 8. Wenn Ihre Lungen ganz gefüllt sind, verharren Sie einige Sekunden lang mit erhobenen Armen, dann machen Sie eine plötzliche Bewegung nach vorn und lassen die Arme fallen. Gleichzeitig atmen Sie heftig durch den Mund aus, indem Sie ein befreiendes »Ha« rufen. Der Ton entsteht nicht in der Kehle, sondern löst sich durch das Ausatmen.

Sie können diese Übung einige Male wiederholen. Sie ist auch als kurze streßlösende Möglichkeit in Momenten großer Anspannung nützlich.

Diese Methode stammt aus dem Erfahrungsschatz der Sufis und ihrer Derwische. Es ist eine meditativ-suggestive Technik, die in verschiedenen Formen angewendet wird.

Die erste Form ist das persönliche Dhikr vor dem Einschlafen und nach dem Aufwachen. Es lautet:

Ich bekenne, da ist kein Herr außer Gott,
dem Alleinen, der keinen Seinesgleichen hat,
Ihm sei alles anvertraut, Er in allem gelobt.
Er ist mächtig über alles.

Vor dem Einschlafen, wenn Sie schon im Bett liegen, wiederholen Sie diese Formel zuerst laut, dann immer leiser, und bis zu hundertmal. Sie stehen am Abend, dem Ende des Tages, auch am Ende Ihrer physischen und psychischen Aktivitäten. Im Schlaf sind Sie hilflos und auf das Vertrauen zu Gott angewiesen. Mit diesem Dhikr bitten Sie um seine Hilfe.

Am Morgen, nach dem Waschen, aber vor dem Frühstück, meditieren Sie in einer aktiveren Form. Setzen Sie sich in Ihrer bevorzugten Meditationshaltung nieder oder stehen Sie mit leicht gespreizten Beinen aufrecht. Beginnen Sie dann damit, laut die Meditationsformel zu sprechen, dann immer leiser und schließlich stimmlos, aber mit um so größerer innerer Entschlossenheit. Sprechen Sie diese Formel bis zu hundertmal. Es ist ein Loblied auf die Freuden wie die Gefahren des bevorstehenden Tages. Nach den Erfahrungen der Sufis verleiht Ihnen diese Meditation ein Gefühl innerer Sicherheit und Stärke. Nehmen Sie dieses Gefühl mit in den Alltag.

Beim Abzählen der Wiederholungen der Meditationsformel hilft Ihnen eine der gebräuchlichen islamischen Gebetsschnüre. Sie können sich aber auch mit einem katholischen Rosenkranz behelfen.

Die zweite Form der Dhikr-Meditation wird von den Sufis in der Gemeinschaft begangen, kann aber auch allein ausgeführt werden. Ihre Formel lautet: *La ilah ill'Allah* – Es gibt keinen Gott außer Gott. Bei dieser Übung stehen Sie mit lockerhängenden Armen. Beim ersten »La ilah« neigen Sie den Kopf, beim ersten »ill'Allah« neigen Sie den Oberkörper. Beim zweiten »La ilah« heben Sie den Oberkörper, beim zweiten »ill'Allah« heben Sie den Kopf usw. Sie können die Formel selbst aufsagen und dabei das Tempo immer mehr beschleunigen, bis Sie sich erschöpft fühlen. Besser und sehr empfehlenswert ist es aber, wenn Sie diese Übung zusammen mit einem spirituell erfahrenen Meister und in der Gruppe machen.

Die Formel für die dritte Dhikr-Form lautet *Allahu akbar* – Gott ist groß. Meditieren Sie nach dieser Formel erst dann, wenn Sie die beiden ersten Dhikr-Formen schon jeweils mindestens eine Woche lang geübt haben. (Auch hier gilt, daß es sehr empfehlenswert ist, diese Meditation unter Anleitung eines erfahrenen Lehrers in einer Gruppe zu üben.) Sie sprechen im Stehen nach Entspannung, Schwerpunktsuche und Loslösen von allen Gegenwartssorgen mit zum Himmel erhobenen Händen die Formel »Allahu akbar«. Dann wiederholen Sie »Gott ist groß«, werfen sich dabei auf die Knie und berühren mit der Stirn den Boden. Anschließend stehen Sie beim nächsten »Allahu akbar« wieder auf. Beim Aufstehen atmen Sie ein, beim Niederwerfen aus. Diese Dhikr-Meditation ist sehr anstrengend. Sie soll nicht länger als eine Viertelstunde dauern. Brechen Sie sie aber sofort ab, wenn Sie erschöpft sind oder Kreislaufprobleme bekommen. Beachten Sie bitte generell, daß sich Dhikr-Meditationen nur beschränkt für Autodidakten eignen.*

Enlightment intensive

Diese von dem Amerikaner Jeff Love zuerst beschriebene Meditationsform wird vor allem in Gruppen bzw. zu zweit durchgeführt, eignet sich aber auch als Meditation für den einzelnen. Die Idee entstammt der Zen-Tradition und hier vor allem der Rinzai-Richtung, die mit Koans arbeitet. Ein Koan ist eine logisch unlösbare Aufgabe, die

* Ein Buch zur Einführung ist »Islamische Sufi-Meditationen für Christen« von Heinz Gstrein.

der Zen-Meister dem Schüler stellt, wie z. B.: »Höre das Klatschen der einen Hand.« Der Schüler meditiert so lange über diesem »Problem«, bis er durch die Ebene des Intellekts hindurchbricht zu jener transzendenten Wirklichkeit, wo sich das Problem im wahrsten Sinne des Wortes in »Nichts« auflöst. Dem ist das Vorgehen beim enlightment intensive nahe verwandt. Hier wird mit der immer gleichen und immer wiederkehrenden Frage gearbeitet: »Wer bin ich?« Lange Zeit wird der Intellekt Antworten auf diese Frage produzieren, das Ziel aber ist, daß er es irgendwann aufgibt und man durch all die rationalen Antworten hindurch auf jene Ebene stößt, auf der wir wissen, wer wir sind.

Im Gegensatz zum klassischen Enlightment intensive, das in Seminarform über einige Tage, meist vier, durchgeführt wird, kann man sich sehr wohl auch selbst in Form einer täglichen Meditation mit dieser Frage konfrontieren. Man beginnt also, indem man sich selbst fragt: »Wer bin ich?« Dann läßt man »alle möglichen« Antworten aus sich aufsteigen. Sobald man den »Faden« verloren hat oder zu anderen Gedanken abschweift, kommt man zurück zur Frage: »Wer bin ich?« usw.

Die Zeit ist bei dieser Meditationsform ein wichtiger Faktor, denn sie gewinnt mit jeder Wiederholung der Frage an Kraft. Gerade wenn der Intellekt ermüdet, wird es erst recht wichtig. So kann man diese Meditation natürlich täglich zweimal eine halbe Stunde durchführen, wird aber mit täglich zwei Stunden noch tiefere Erfahrungen machen. Die Haltung sollte sich an der des Za-Zen, der Meditation im Sitzen, orientieren. Um so gerader und aufrechter der Sitz, desto besser (s. Kap. Sitzen). Natürlich ist diese Technik auch im Liegen durchführbar, allerdings fördert diese Haltung das Träumen, auf das es hier gerade nicht ankommt. Es geht keinesfalls darum, in Wunschträumen sich auszumalen, wer man alles sein könnte, sondern um harte intellektuelle Anstrengung, eben die konkrete Beantwortung der Frage: »Wer bin ich?«

Der beste Einstieg in diese Technik gelingt sicherlich über die Teilnahme an einem Enlightment-intensive-Seminar, das sich einige Tage ununterbrochen und ausschließlich dieser Meditationstechnik widmet.

Zen-Koan

Die Denk-Meditationen der Koan-Technik sind eine der vielen Formen des Zen. Koans sind kurze Texte, die einen Widerspruch oder ein Paradoxon enthalten.

Mit dem Intellekt kann ein Koan nicht gelöst werden. Im Zen gibt es etwa 1700 Koans, meist in Frage-und-Antwort-Form, die auf dem Weg zur Erleuchtung beantwortet werden sollen. Das gelingt nur, wenn der Schüler fähig ist, die Grenzen des normalen Verstandes zu sprengen.

Einige Beispiele für Koans:

Ein Mönch fragte den Meister, ob sich das kosmische Bewußtsein auch in einem kleinen Hund zeigt. Der Meister antwortete: »Wu« – Nichts.

Ein Mönch bat den Meister: »Meister, ich bin ein Neuling, zeige mir den Weg.« Der Meister antwortete: »Hast du schon dein Frühstück beendet?« Der Mönch bejahte. Darauf der Meister: »Geh und reinige die Eßschale.«

Hakuin, ein japanischer Zen-Meister, klatschte in die Hände. Dann hob er eine Hand und forderte von seinem Schüler: »Höre den Ton der einen Hand.«

Mit dem Intellekt eine Antwort auf Koans zu finden, ist unmöglich. Der Schüler versucht es dennoch und muß feststellen, daß ihm Logik, kausales Denken und Analyse nicht weiterhelfen können. Er versucht, den Intellekt auszuschalten. Das Problem des Koans wühlt in ihm. Er ist voller Zweifel. Immer, wenn er denkt, jetzt sei er der Lösung nahe, erkennt er, daß er weiter entfernt ist denn je zuvor. Überall verfolgt ihn das Koan. Er wird es nicht mehr los. Irgendwann beschleicht den Schüler das Gefühl, nicht im Koan stecke das Problem, sondern in ihm selbst. Das Chaos, das sein vergebliches logisches Denken verursacht hat, bemächtigt sich seiner ganzen Person. Das Ich des Schülers gerät in den Sog und verschwindet. Der Schüler wird zu dem Nichts, von dem der Meister in unserem ersten Beispiel gesprochen hat.

Aber immer noch darf der Schüler nicht aufgeben.

Er muß weiterüben, bis es ihm gelingt, auch das Koan wieder loszuwerden. Dann hat er den Zustand absoluter Leere erreicht, in der das ganze Universum zu finden ist. Aus der hoffnungslosen Verzweiflung erwächst die erlösende Erleuchtung.*

Sufi-Witze

Eine ähnlich irrationale und anti-intellektuelle Qualität wie die Koans des Zen haben die Witze der Sufis. Sie werden damit zu einem paradoxen Meditationsgegenstand, der sich erst erfassen läßt, wenn man fähig ist, die eingefahrenen Bahnen des Denkens zu verlassen.

Der Sufi-Meister Idries Shah erzählt die Geschichte des anscheinend törichten Weisen Nasrudin, der im Mittleren Osten sehr berühmt ist:

* In dem Buch »Der Ton der einen Hand« stellt Yoel Hoffmann Koans und die Antworten vor. Doch auch damit ist man dem Ziel des Zen-Weges kein bißchen näher. Die Antworten sind nämlich für den Intellekt genauso wenig verständlich wie die Fragen. Nur Intuition und die gleiche Denkweise, die der Fragende hat, geben der Antwort einen tieferen Sinn.

Einmal traf ein Nachbar Nasrudin an, wie er kniend etwas suchte.
»Was hast du verloren, Mulla?«
»Meinen Schlüssel«, sagte Nasrudin.
Nach einigen Minuten des Suchens sagte der andere Mann: »Wo hast du ihn fallen lassen?«
»Zu Hause.«
»Ja, warum im Himmel suchst du dann hier?«
»Weil hier mehr Licht ist.«

Sie mögen über diese heitere Geschichte schmunzeln und es dabei bewenden lassen. Sie können aber auch über diese Anekdote meditieren und dabei ihren tieferen Sinn entdecken: Was kann das Verlieren des Schlüssels bedeuten? Was mag das für ein Schlüssel sein? Was kommt dabei heraus, wenn wir uns von der vordergründigen Aussage entfernen und den Schlüssel als eine Metapher betrachten? Was ist dann »zu Hause«, und warum sucht Nasrudin an einer Stelle, wo »mehr Licht« ist?

Versuchen Sie, in Ihrer Meditation Nasrudin zu sein, stellen Sie sich den Schlüssel, das Licht vor, versetzen Sie sich in Nasrudins Lage. Wo suchen Sie am falschen Platz nach welchem Schlüssel?

Eine lesens- und bedenkenswerte Sammlung der ›Fabelhaften Heldentaten des vollendeten Narren und Meisters Mulla Nasrudin‹ hat der im Westen lebende Sufi-Meister Idries Shah herausgegeben. Ein Beispiel aus diesem Buch:

Nach einer langen Reise fand Nasrudin sich mitten im mahlenden Menschengedränge von Bagdad. Es war die größte Stadt, die er je gesehen hatte, und die durch die Straßen strömende Menschenmenge verwirrte ihn.

»Ich möchte wissen, wie es die Leute machen, um sich hier nicht selbst zu verlieren und überhaupt noch zu wissen, wer sie sind«, so grübelte er.

Dann dachte er: »Ich muß mich gut an mich erinnern, sonst gehe ich mir womöglich verloren.«

Er eilte in eine Karawanserei. Ein Spaßvogel saß auf einem Bette neben dem, das man Nasrudin zugewiesen hatte. Nasrudin wollte ein Schläfchen halten, aber er hatte eine Schwierigkeit: Wie sollte er sich wiederfinden, wenn er aufwachte?

Er vertraute sich seinem Nachbarn an.

»Ganz einfach«, sagte der Spaßvogel, »hier ist ein aufgeblasener Ballon. Binde ihn an deinem Bein fest und lege dich schlafen. Wenn du aufwachst, schau dich nach dem Mann mit dem Ballon um, und der bist du.«

»Großartige Idee!« sagte Nasrudin.

Ein paar Stunden später wachte der Mulla auf. Er schaute sich nach dem Ballon um und entdeckte ihn am Bein des Spaßvogels. »Da bin ich ja!« dachte er. Dann aber trommelte er den anderen Mann in wahnsinniger Angst aus dem Schlaf. Der Mann erwachte und fragte, was los sei.

*»Es ist geschehen, was ich befürchtete.« Nasru-
din zeigte auf den Ballon: »Wegen des Ballons
kann ich sagen, daß du ich bist. Aber – wenn du
ich bist – wer, um Gottes willen, bin denn ich?«*

Schreib-Meditation

Planetenherrscher im Zwilling ist der Merkur, der
das Prinzip der Sprache, der Schrift und der Analyse beinhaltet. Ihm entspricht das Schreiben als
eine Form der analytischen Wahrnehmung. Beim
schriftlichen Fixieren von Sachverhalten, beim
Notieren von Psychogrammen erfährt man oft
eine neue, tiefere Klarheit. Diese Erkenntnis wird
in der Technik der Schreib-Meditation genützt.
Schreiben findet nie losgelöst von der Personalität,
findet nie im luftleeren Raum statt. Es kann nie ob-
jektiv sein, sondern beinhaltet immer Subjektivität
und spiegelt unbewußte Inhalte Ihrer Psyche wi-
der.
Setzen Sie sich in Ihrer bevorzugten Meditations-
position nieder und halten Sie einen Block und ein
Schreibgerät bereit. Es kann ein weicher Bleistift,
ein dicker Faserschreiber, ein Pinsel oder ein schö-
ner Füllfederhalter sein. Entspannen Sie sich, suchen Sie Ihren Schwerpunkt und achten Sie auf Ihren Atem. Sobald Sie in einer meditativen Grund-
stimmung sind, können Sie eine der folgenden
Möglichkeiten realisieren.

Erste Möglichkeit: Schreiben Sie ganz langsam einen Text ab, der Ihnen etwas bedeutet, Sie tief in Ihrem Innersten angerührt hat. Das kann ein Gedicht sein, ein Psalm, ein Liedtext, Beschreibungen der Tarot-Karten, ein Märchen oder ein Orakelspruch aus dem chinesischen Weisheitsbuch ›I Ging‹. Schreiben Sie ganz bewußt, beobachten Sie jeden Buchstaben mit aller Aufmerksamkeit, nehmen Sie die Aufstriche, die Abstriche, den Fluß der Schrift wahr.

Zweite Möglichkeit: Beschäftigen Sie sich mit einem Thema, das Ihnen wichtig ist. Das kann ein Phantasie-Thema sein oder etwas sehr Reales. Formulieren Sie, was Ihnen zu diesem Thema einfällt. Ordnen Sie Ihre Gedanken noch nicht, lassen Sie einfach in Ihr Schreibwerkzeug fließen, was aus Ihnen kommt.

Dritte Möglichkeit: Entspannen Sie sich. Alle Gedanken, die kommen, akzeptieren Sie, analysieren aber nicht und werten nicht. Sie lassen die Gedanken fließen, halten nichts fest, wollen nichts erreichen. Beobachten Sie Ihren Gedankenfluß aufmerksam, so werden Sie bemerken, daß sich manche Gedanken wiederholen. Wie in einem Kreisverkehr ziehen sie immer wieder an Ihrem inneren Auge vorbei. Solche Gedanken schreiben Sie auf.

Vierte Möglichkeit: Öffnen Sie sich Ihrem Unterbewußtsein mit Hilfe Ihrer Träume. Schreiben Sie

Träume auf, an die Sie sich erinnern können. Notieren Sie alles, auch Kleinigkeiten, und schreiben
Sie nicht nur Stichworte auf.

Fünfte Möglichkeit: Meditieren Sie mit geschlosse-
nen Augen. In Ihrem Schoß liegt ein Schreibblock,
Sie halten einen Stift in der Hand. Alles, was an Ihrem inneren Auge vorbeifließt, schreiben Sie auf,
ohne die Augen zu öffnen.

Schreib-Meditation geht vor allem in Gruppen gut.
Wenn Sie allein Schwierigkeiten damit haben sollten, empfiehlt es sich, einen Partner zu suchen.*

Runenmeditation

Da dem Zwillingsprinzip der Umgang mit Sprache
und Schrift entspricht, können alte Schriftzeichen
hier gut als Wegweiser in unsere Mitte verwendet
werden. Für unseren Kulturkreis bieten sich dazu
vor allem die Runen an, die alten Schriftzeichen
der Germanen.
Das Wort Rune bedeutet Geheimnis, Rat, geheime

* Einen Überblick über diese Technik der Schreib-Meditation gibt Ihnen die Broschüre »Schreiben als Selbsterfahrung, Psychotherapie und Meditation« von Jürgen vom
Scheidt. Sie kann bei »aquarius lebendige publikationen«,
Postfach 44 02 38, 8000 München 44, bestellt werden.

Beratung. Bei den Germanen, die wie die Kelten eine hohe Achtung vor der Macht des geschriebenen Wortes hatten, waren die Runen deshalb viel mehr als bloße Schriftzeichen. Sie wurden vor allem für religiöse bzw. magische Zwecke eingesetzt; erst im späteren Verlauf der Geschichte verloren die Schriftzeichen ihre vorrangige Bedeutung als Kommunikationsmittel zwischen Götterwelt und Menschen.

Aus dieser Vermittlerfunktion zwischen Himmel und Erde, zwischen Göttern und Menschen ergab sich die Verwendung der Runen als Hilfsmittel bei der Befragung des Orakels. Laut Edda, der Mythensammlung der Nordgermanen, ist das Orakeln mit Runen so alt wie die Welt selbst. Es wird dort erzählt, wie drei alte weise Frauen, die Nornen, an den Wurzeln des Weltenbaumes Yggdrasil sitzen und mit Hilfe von Runen-Orakeln das Schicksal der Welt bestimmen.

»Eine Esche weiß ich, sie heißt Yggdrasil,
die hohe, umhüllt von hellem Nebel;
von dort kommt der Tau, der in Täler fällt,
immergrün steht sie am Urdbrunnen.
Von dort kommen Frauen, vielkundige,
drei, aus dem Born, der beim Baume liegt:
Urd hieß man eine, die andre Werdandi –
sie schnitten ins Scheit –, Skuld die dritte;
Lose lenkten sie, Leben koren sie
Menschenkindern, Männergeschick.«

All jene, denen sich durch Meditation der Zugang zum intuitiven Wissen auftut, werden in das Wesen der Runen eindringen können. Ihnen »raunen Runen rechten Rat«. Man muß ins Reich des Unbewußten eintauchen, um den archetypischen Bedeutungen der Runen zu begegnen.

Es gibt eine Vielzahl von Möglichkeiten, um mit Runen zu meditieren. Eine davon ist eben das *Runenorakel:* Unsere Vorväter hatten die Runen auf Buchen-Stäbe geritzt (daher kommt auch unser Wort Buchstabe). Sie warfen diese Holzstäbe, und aus der Lage der Runen lasen sie Anweisungen und Weissagungen, die ihr Leben betrafen.

Sie können sich nun ebenfalls Ihre eigenen Runen herstellen: Ritzen Sie die Schriftzeichen in Holzstäbe oder Steine oder malen sie auf Kärtchen. Sie können sie aber auch als Beilage eines Runenbuches kaufen.*

Nachdem Sie Ihre Runenzeichen vorbereitet haben, beginnen Sie mit deren Betrachtung. Sehen Sie sich die Form an, prägen sie sich ein, versuchen Sie, das Zeichen mit Ihrer Körperhaltung nachzustellen, fühlen und horchen Sie dabei in sich hinein. Lesen Sie auch die entsprechenden Interpretationen der jeweiligen Runen und nehmen Sie sie in Ihre Meditation mit.

---

* In dem Buch von Zoltan Szabo »Buch der Runen« finden Sie sehr gute Interpretationen der einzelnen Runen, und dem Buch liegen auch die 18 Runensteine, die Sie brauchen, bei.

Erst, wenn Sie sich mit jeder einzelnen Rune befaßt haben, über jede wenigstens einmal meditiert haben, versuchen Sie sich im Orakeln.

Dazu legen Sie Ihre Runensteine verdeckt vor sich hin. Schenken Sie ihnen Ihre ganze Aufmerksamkeit und machen vielleicht eine Atemübung. Wenn Sie dann in meditativer Stimmung sind, mischen Sie die Steine mit den Runen. Berühren Sie dabei jeden einzelnen Stein wenigstens einmal, damit sich Ihre und seine Energie vermischen können. Dann nehmen Sie die linke, die empfangende Hand und lassen Sie sich von den Steinen »rufen«. Versuchen Sie, genau zu erspüren, welche Rune von Ihnen gewählt werden will. Auf diese Art nehmen Sie drei Runensteine auf.

Der erste Stein steht für die Vergangenheit, das Fundament, auf dem Sie nun aufbauen müssen. Hier zeigt sich die Beschaffenheit Ihrer »Wurzeln«, Ihre Standfestigkeit. Nur der Baum, der fest und sicher im Boden wurzelt, kann hoch hinaus in den Himmel wachsen.

Der zweite Stein gibt Ihnen Auskunft über die Gegenwart, den momentanen Stand der Dinge, der zum Handeln auffordert.

Die dritte Rune zeigt mögliche Folgen für die Zukunft. Versuchen Sie, nachdem Sie über die drei Runen meditiert haben, die dreigeteilte Botschaft zu vereinen. Bilden Sie aus den Runen ein Wort, sprechen Sie die einzelnen Laute aus und horchen Sie, wo sie Sie berühren. Meist ist die Erkenntnis um so richtiger, je einfacher sie ist. Bedenken Sie auch, daß es häufig das erste Gefühl, der erste Eindruck, der erste Gedanke ist, der den richtigen Weg zur Interpretation zeigt.

Stellen Sie eine Verbindung her zwischen den Runen, die Sie gewählt haben und dem Schicksal, das Sie gewählt haben. Versuchen Sie herauszufinden, in welcher Form Ihnen vielleicht genau diese Runenzeichen schon öfters begegnet sind, als Namen oder deren Anfangsbuchstaben, Worte, Zeichen, Körperhaltungen, in Träumen... Schenken Sie Ihrem Orakel so lange Ihre Aufmerksamkeit, bis Sie glauben, der Ur-Bedeutung der Runenzeichen ganz nahe gekommen zu sein.

Eine weitere Möglichkeit, Runen als Eingang in Ihre innere Welt zu verwenden, wäre die Berechnung Ihrer Geburtstagsrune, der sogenannten Lebensrune. Sie können auch die Runen Ihres Vornamens, Nachnamens und Ihres Geburtsortes errechnen.* Verbinden Sie dann die einzelnen Zeichen, ergibt sich Ihre Schicksalsrune, die ein symbolisches Abbild Ihrer Kräfte und Möglichkeiten darstellt.

Lassen Sie sich beim Umgang mit Runen vor allem von Ihrer Intuition leiten, und finden Sie Ihre eigene Art, damit umzugehen. Sie werden staunen, wie viele neue, Ihnen entsprechende Möglichkeiten Sie dabei entdecken werden.

* Genaue Anleitungen finden Sie in dem Buch von Robert Griesbeck und Peter Orzechowski »Die Kraft der Rätsel. Weisheitsspiele der Welt«, München 1986.

Tastsinnübung

Auf der körperlichen Ebene sind dem Zwillingsprinzip neben den Lungen auch Arme und Hände, und damit auch der Tastsinn zugeordnet.

Da wir in der Regel mit unserem Bewußtsein und mit unserer Aufmerksamkeit nicht bei der Sache sind, die wir mit unseren Händen tun, ist eine Tastsinnübung eine gute Möglichkeit, um den Automatismus auf diesem Gebiet zu mildern.

Grundsätzlich wäre es natürlich das beste, die Aufmerksamkeit ständig auf jene Dinge zu richten, die man gerade tut oder berührt. Immerwährende Bewußtheit, das bewußte Sein im Hier und Jetzt ist ja »Ziel« von Meditation. Versuchen Sie also so oft wie möglich *wirklich* zu fühlen, was Sie in Händen halten oder berühren.

Um das zu lernen, können Sie auch folgende Übung machen: Nachdem Sie sich zehn bis zwanzig verschieden geformte Steine gesucht und Sie auf Ihrem Meditationsplatz vor sich ausgebreitet haben, bereiten Sie sich auf die innere Reise vor: Zünden Sie sich ein Räucherstäbchen an, entspannen Sie sich, machen Sie eine der Atemübungen, die schon beschrieben wurden, und richten Sie dann Ihre ganze Aufmerksamkeit auf die Steine. Betasten und befühlen Sie jeden einzelnen, einen nach dem anderen. Versuchen Sie durch die Berührung auch das Wesen jeden Steines zu erfassen, denn auch Steine sind Lebewesen. Wenn Sie alle Steine befühlt haben, schließen Sie die Augen und nehmen jeden Stein nochmals in Ihre Hände und prüfen Sie, ob Sie ihn wiedererkennen. Vielleicht ist Ihnen auch einer der Steine besonders sympathisch oder »ruft« Sie, dann nehmen Sie ihn in Gedanken mit in Ihre Meditation. Lassen Sie sich seine Geschichte erzählen, wie das für die Indianer selbstverständlich war. Für sie nämlich sind die Steine unsere »Brüder«, unsere ältesten Verwandten. Ihrem Glauben nach ist in den Steinen die Evolutionsgeschichte der Erde eingeprägt, sie sind so das Gedächtnis der Welt und werden mit besonderer Ehrfurcht behandelt. Nach Ansicht der Indianer hat jeder Mensch einen Verbündeten im Reich der Steine, der dem Menschen als Hilfe in seinem Leben zur Seite steht.* Es wäre also durchaus möglich, daß Sie bei dieser Übung Ihren Steinverbündeten gefunden haben.

* Näheres zu diesem Thema finden Sie in Lu Lörlers Buch »Die Hüter des alten Wissens. Schamanisches Heilen im Medizinrad«, München 1986.

Namensmeditation

Eine der großen Leidenschaften des Zwillingsprinzips ist die Namensgebung. Alles, was ihm in der Umwelt begegnet und sein Interesse erweckt, benennt er.

Und deshalb hat er natürlich einen besonderen Bezug zu den Namen der Dinge. Als Zwilling oder wenn Sie über das Zwillingsprinzip meditieren, können Sie daher Namen als Eingangstor in Ihre innere Welt verwenden.

Wenn Sie also diese Meditationstechnik versuchen wollen, beginnen Sie am besten mit Ihrem eigenen Namen: Bevor Sie sich in Meditation begeben, sollten Sie sich erst mal über seine sprachliche Bedeutung informieren. Betreiben Sie also etwas Sprachforschung.*

Lesen Sie vielleicht auch noch über die Rune, die dem Anfangsbuchstaben Ihres Namens entspricht, nach. Nehmen Sie dann alles, was Sie in Erfahrung gebracht haben, mit in Ihre Meditation. Lassen Sie die inneren Bilder dazu in sich aufsteigen. Erfühlen Sie, wieviel von Ihrem Wesen schon in Ihrem Namen enthalten ist; denn da es keinen Zufall gibt,

* Es gibt zahlreiche Namenslexika für Vor- und Familiennamen, in denen Sie die Bedeutung und Geschichte von Namen erfahren können. Wenn Sie sich über Namen hinaus für Bedeutung und Herkunft von Wörtern interessieren, können Sie sich ein etymologisches Wörterbuch (z. B. von Knaur) besorgen.

haben Sie auch Ihren Namen nicht zufällig erhalten. Auch er enthält eine Botschaft an Sie, die Sie herausfinden können. Das gleiche gilt natürlich auch für Ihren Familiennamen. Durch ihn können Sie vieles über Ihre Wurzeln, Ihre Geschichte und Ihren Platz in einem bestimmten sozialen Umfeld erfahren.

Viele Menschen haben eine Abneigung gegen ihren Namen. Wenn Sie zu diesen gehören, versuchen Sie herauszufinden, warum das so ist: Haben Sie das Gefühl, daß Ihr Name zu »groß« oder zu »klein« für Sie ist; entsprechen Sie ihm nicht oder entspricht er Ihnen nicht. Finden Sie heraus, wo er trotz oder gerade wegen Ihrer Abneigung zu Ihnen paßt und gehört, wo er Ihnen Ihre Schattenseiten zeigen kann.

Lassen Sie bei dieser Namenserkundungsreise wieder vor allem Ihre innere Stimme zu Wort kommen und nicht so sehr Ihren analytischen Intellekt.

Ganz ähnlich wie mit Ihrem Namen oder dem Ihrer Freunde können Sie mit einfachen Wörtern verfahren.

Unsere schnellebige Zeit mit ihrem Hang zu Oberflächlichkeit hat uns auch die Sicht für die tiefgründige Bedeutung der Sprache gekostet. Wir befinden uns meist inmitten einer Kommunikationslawine – es wird viel geredet und wenig wirklich gesagt.

Es lohnt sich aber, wieder bewußter mit Sprache umzugehen. Suchen Sie nach den ursprünglichen

Be-deutungen der Wörter*; *deuten* Sie die Wörter und füllen Sie sie mit Leben. Wie die Runen müssen Wörter nicht nur leere Zeichen sein, auch sie können Leben und Individualität haben. Wörter transportieren nicht nur vordergründige Informationen, sie enthalten auch archetypische Botschaften für uns.

Ein Beispiel, um auf diese Art und Weise mit Sprache umzugehen, wäre das Wort »Aufgabe«: Um unsere Aufgaben im Leben zu erfüllen, müssen wir vieles *aufgeben*. Wir müssen immer wieder neu beginnen und Altes hinter uns lassen, um auf unserem Lebensweg weiterzukommen und unsere Aufgaben erfüllen zu können.

Auf diese oder ähnliche Art können Sie das Spiel mit Wörtern zu einer Meditationstechnik machen. Vertrauen Sie auch dabei wieder Ihrer inneren Stimme und lassen Sie sie nicht von Ihrem Intellekt übertönen.

* Dabei ist Ihnen ein etymologisches Wörterbuch eine sehr gute Hilfe.

Luftritual

Zwilling ist ein Luftzeichen, es zeigen sich daher viele Eigenschaften des Luftelementes besonders gut in diesem Tierkreiszeichen: Wie uns etwa die Luft bzw. der Atem mit allen anderen Lebewesen verbindet, so stellt auch der Zwilling Verbindungen, Beziehungen, Kontakte her, beispielsweise durch Kommunikations- und Verkehrssysteme. Indem wir uns in Meditation bzw. in einem Ritual der Luft zuwenden, können wir dieses Mit-allem-verbunden-Sein bewußt erfahren. Wir finden uns als ein Glied in der unendlichen Atemkette, als Teil eines universalen Beziehungsgewebes wieder.

Suchen Sie sich also einen Platz, wo Sie das Gefühl haben, der Luft nahe zu sein. Besonders passend für den Zwilling wäre ein Platz in der Krone eines Baumes, aber nur wenn Sie sich dort sicher aufhalten können. Schenken Sie nun allem in Ihrer Umgebung Ihre besondere Aufmerksamkeit. Begrüßen Sie den Baum oder den Platz, an dem Sie diese Übung ausführen werden. Versuchen Sie alles um Sie herum mit allen Ihren Sinnen wahrzunehmen. Und dann öffnen Sie sich dem Luftelement. Geben Sie sich dem Wind hin, nehmen ihn in sich auf, versuchen die Luft regelrecht zu ertasten, anzufassen. Bitten Sie die Luft, sie möge alle Krankheiten und alle Verunreinigungen, vor allem jene im mentalen Bereich, mit sich forttragen. Danken Sie der Luft, daß sie Ihr Leben auf dieser Erde ermöglicht. Beginnen Sie dann mit der Erde-Himmel-Atmung, wie Sie weiter vorne bei den Atemmeditationen beschrieben wurde. Atmen Sie so lange, bis Sie sich beim Einatmen mit der Unendlichkeit des Kosmos verbinden, in den Sie hinausströmen, und Sie sich beim Ausatmen Ihrer Endlichkeit, dem Gefangensein in der irdischen Stofflichkeit bewußt sind. Mit dieser Übung können Sie eine Verbindung schaffen zwischen den materiellen und nichtmateriellen Bereichen. Versuchen Sie Teil des großen kosmischen Atemzyklus zu werden. Lassen Sie sich tragen von der Luft, bis Sie selbst zu Luft, zum Atem werden. Lassen Sie dabei die Welt der Gedanken eindringen in die grobstoffliche Welt, daß sie sich hier verwirklichen und Gestalt annehmen kann. Fragen Sie die Geister der Luft, welche Ideen in Ihrem Leben als nächstes in die Materie geboren werden wollen.

Bleiben Sie so lange bei dieser Meditation, bis Sie sich als Teil und Mitte dieses unendlichen kosmischen Beziehungsnetzes erleben. Wenn Sie dann das Ritual beenden wollen, atmen Sie ein paarmal kräftig ein und aus und bedanken sich bei den Luftwesen und auch bei dem Platz, an dem Sie diese Meditation durchgeführt haben.

Setzen oder legen Sie sich in Ihrer bevorzugten Meditationsstellung hin. Entspannen Sie sich mit einer der weiter vorne beschriebenen vorbereitenden Übungen; lassen Sie Ruhe in sich einkehren.

Dann beginnen Sie mit folgender Atemübung: Atmen Sie tief und bewußt ein, verbinden Sie das Einatmen mit der Vorstellung, daß Sie sich dabei mit vibrierendem weißem Licht füllen, das Sie mit Ihrem Atem in sich aufnehmen. Beim Ausatmen geben Sie alle verbrauchte und unreine Energie nach außen ab. Atmen Sie auf diese Art und Weise so lange, bis Sie das Gefühl haben, daß Sie voll reiner weißer Lichtenergie sind.

Dann holen Sie beim Einatmen den Atem hoch in Ihren Kopf, zur Fontanelle, und öffnen sich wie ein Trichter der kosmischen Energie. Gleichzeitig mit diesem Nach-oben-geöffnet-Sein erweitert sich Ihre Wahrnehmung, die Grenzen, die Ihnen Ihr Körper setzt, werden bedeutungslos.

Sie genießen diesen Zustand des erweiterten Bewußtseins und senden nun die Frage nach der Lernaufgabe für Ihr Leben hinaus ins All. Bitten Sie um eine Botschaft aus dem Kosmos, aus Ihrer eigenen Mitte.

Lauschen Sie auf Ihre innere Stimme und versuchen Sie dann, die Eindrücke, die Sie erhalten haben, zu verbalisieren und damit zu konkretisieren. Es können dabei Bilder, Symbole oder auch etwa Sprichwörter in Ihren Gedanken auftauchen.

Schreiben oder zeichnen Sie sich nach Beendigung der Meditation diese Symbole Ihres Lebens auf und nehmen sie als Thema für weitere Meditationen.

ANHANG

LITERATURVERZEICHNIS

Meditation allgemein

Bhagwan Shree Rajneesh: ›Meditation‹, München 1981

Bhagwan Shree Rajneesh: ›Das orangene Buch‹, Oregon 1983

Bitter, Wilhelm: ›Östliche Meditation und westliche Psychotherapie‹, Stuttgart 1957

Bitter, Wilhelm: ›Meditation in Religion und Psychotherapie‹, Stuttgart 1973

Bloching, Karl H.: ›Texte moderner Schriftsteller zur Meditation‹, Mainz 1975

Boden, Liselotte M.: ›Meditation und pädagogische Praxis‹, München 1978

Boeckel, Johannes F.: ›Meditationspraxis‹, München 1977

Carrington, Patrizia: ›Das große Buch der Meditation‹, Bern, München, Wien 1982

Das Tibetanische Totenbuch, Freiburg 1977

Dürckheim, Karlfried Graf: ›Der Alltag als Übung‹, Bern 1966

Dürckheim, Karlfried Graf: ›Hara. Die Erdmitte des Menschen‹, Weilheim 1967

Dürckheim, Karlfried Graf: ›Der Ruf nach dem Meister. Der Meister in uns‹, München 1974

Dürckheim, Karlfried Graf: ›Meditationen – wozu und wie‹, Freiburg, Basel, Wien 1983

Dürckheim, Karlfried Graf: ›Zeitloses Wissen. 28 Vorträge über alte Weisheitslehren des Ostens und Westens.‹ Als Kassetten erschienen bei Edition Neptun, München 1986

Enomiya-Lasalle, Hugo M.: ›Meditation als Weg zur Gotteserfahrung‹, Mainz 1980

Gebser, Jean: ›Asien lächelt anders‹, Wien 1968

Govinda, Lama Anagarika: ›Schöpferische Meditation und multidimensionales Bewußtsein‹, Freiburg 1977

Govinda, Lama Anagarika: ›Mandala. Der heilige Kreis. Stufen der Meditation‹, Aigo 1980

Haendler, Otto: ›Meditation als Lebenspraxis‹, Berlin 1977

Kravette, Steve: ›Meditation. Das unbegrenzte Abenteuer‹, München 1983

Leiste, Heinrich: ›Vom Wesen der Meditation‹, Dornach 1973

Mangoldt, Ursula: ›Wege der Meditation heute‹, Weilheim 1970

Mangoldt, Ursula: ›Östliche und westliche Meditationen. Einführung und Abgrenzung‹, München 1977

Melzer, Friso: ›Meditation in Ost und West‹, Stuttgart 1957

Melzer, Friso: ›Anleitung zur Meditation‹, Stuttgart 1959

Melzer, Friso: ›Innerung. Stufen der Meditation‹, Kassel 1968

Melzer, Friso: ›Konzentration, Meditation, Kontemplation‹, Kassel 1977

Naranjo, Claudio/Ornstein, Robert: ›Psychologie der Meditation‹, Frankfurt 1980

Petzold, Hilarion (Hrsg.): ›Psychotherapie – Meditation – Gestalt‹, Paderborn 1983

Reiter, Udo (Hrsg.): ›Meditation – Wege zum Selbst‹, München 1976

Schwäbisch, Lutz/Siems, Martin: ›Selbstentfaltung durch Meditation‹, Reinbek 1983

Thomas, Klaus: ›Meditation in Forschung und Erfahrung, in weltweiter Beobachtung und praktischer Anleitung‹, Stuttgart 1973

Tilmann, Klemens: ›Die Führung der Kinder zur Meditation‹, Würzburg 1961

Tilmann, Klemens: ›Übungsbuch zur Meditation‹, Zürich, Einsiedeln, Köln 1973

Tilmann, Klemens: ›Die Führung zur Meditation‹, Band 1, Zürich, Einsiedeln, Köln 1981

Trungpa, Chögyam: ›Aktive Meditation‹, Olten 1982

Watts, Alan: ›Meditation‹, Basel 1977

Wunderli, Jürg: ›Meditation. Hilfe im Alltag‹, Stuttgart 1973

Zen

Deshimaru-Roshi, Taisen: ›Zen in den Kampfkünsten Japans‹, Berlin 1978

Dürckheim, Karlfried Graf: ›Zen und wir‹, Frankfurt 1974

Enomiya-Lasalle, Hugo M.: ›Zen-Buddhismus‹, Köln 1966

Enomiya-Lasalle, Hugo M.: ›Zen-Meditation für Christen‹, Weilheim 1966

Enomiya-Lasalle, Hugo M.: ›Zen. Weg zur Erleuchtung‹, Wien, Freiburg, Basel 1973

Enomiya-Lasalle, Hugo M.: ›Zen-Meditation. Eine Einführung‹, Einsiedeln 1975

Fromm, Erich/Suzuki, Daisetz T./Martino, Richard de: ›Zen-Buddhismus und Psychoanalyse‹, Frankfurt 1972

Herrigel, Eugen: ›Der Zen-Weg‹, München 1958

Herrigel, Eugen: ›Zen in der Kunst des Bogenschießens‹, München 1983

Herrigel, Gusty L.: ›Zen in der Kunst der Blumenzeremonie‹, Bern, München, Wien 1979

Hoffmann, Yoel: ›Der Ton der einen Hand‹, Bern, München, Wien 1978

Jae Hwa Kwon: ›Zen-Kunst der Selbstverteidigung. Taekwon-do, Karate‹, Bern, München, Wien 1982

Nocquet, André: ›Der Weg des Aiki-do‹, Berlin 1981

Shibayama, Zenkei: ›Zen in Gleichnis und Bild‹, Bern, München, Wien 1974

Suzuki, Daisetz T.: ›Die große Befreiung‹, Zürich 1969

Suzuki, Daisetz T.: ›Erfülltes Leben aus Zen‹, Bern, München, Wien 1973

Yoga

Aundh, Rajah von: ›Das Sonnengebet‹, Kleinjörl 1982

Aurobindo, Sri (Hrsg. O. Wolff): ›Der integrale Yoga‹, Hamburg 1957

Avalon, Arthur: ›Die Schlangenkraft‹, Bern, München, Wien 1975

Harf, Anneliese: ›Yoga-Praxis. Durch Leibbeherrschung zu Meditation‹, Freiburg 1978

Isbert, Otto Albrecht: ›Yoga – Arbeit am Selbst‹, München 1973

Isbert, Otto Albrecht: ›Der volle Yoga‹, Wien, Freiburg, Basel 1976

Patanjali: ›Die Wurzeln des Yoga‹, München 1976

Scheidt, Jürgen vom: ›Yoga für Europäer‹, München 1976

Vivekananda, Swami: ›Jnana-Yoga‹, Band I und II, Freiburg 1973

Vivekananda, Swami: ›Raja-Yoga‹, Freiburg 1983

Vivekananda, Swami: ›Karma-Yoga und Bhakti-Yoga‹, Freiburg 1983

Yesudian, Selvarajan: ›Hatha-Yoga. Übungsbuch‹, München 1971

Yesudian, Selvarajan/Haich, Elisabeth: ›Sport und Yoga‹, München 1972

Yogananda, Paramahansa: ›Autobiographie eines Yogi‹, Freiburg 1975

Christliche Meditation

Massa, Willi (Hrsg.): ›Kontemplative Meditation. Die Wolke des Nichtwissens‹, Mainz 1974

Rosenberg, Alfons: ›Die christliche Bildmeditation‹, München 1975

Tilmann, Klemens/Peinen, Hedwig-Teresia von: ›Die Führung zur Meditation. Christliche Glaubensmeditation‹, Zürich, Einsiedeln, Köln 1978

Walter, Rudolf von: ›Aufrichtige Erzählungen eines russischen Pilgers‹, Freiburg, Basel, Wien 1961

Sufismus/Islam

Gestrein, Heinz: ›Islamische Sufi-Meditation für Christen‹, Wien, Freiburg, Basel 1977

Shah, Idries: ›Die Sufis‹, Düsseldorf, Köln 1982

Shah, Idries: ›Das Geheimnis der Derwische‹, Freiburg 1982

Shah, Idries: ›Die Weisheit der Narren‹, Freiburg, Basel, Wien 1983

Shah, Idries: ›Die Hauptprobe‹, Freiburg, Basel, Wien 1984

Shah, Idries: ›Die fabelhaften Heldentaten des vollendeten Narren und Meisters Mulla Nasrudin‹, Freiburg, Basel, Wien 1984

Tantra

Bhagwan Shree Rajneesh: ›Das Buch der Geheimnisse‹,
München 1981

Eliade, Mircea: ›Yoga – Unsterblichkeit und Freiheit‹, Zürich, Stuttgart 1960

Evola, Julius: ›Metaphysik des Sexus‹, Berlin, Wien 1983

Thirleby, Ashley: ›Das Tantra der Liebe‹, Berlin, Wien
1982

Trungpa, Chögyam: ›Tantra im Licht der Wirklichkeit.
Wissen und praktische Anwendung‹, Freiburg 1976

Trungpa, Chögyam: ›Feuer trinken, Erde atmen. Die Magie des Tantra‹, Köln 1981

Sonstiges

Argüelles, José und Miriam: ›Das große Mandala-Buch‹,
Freiburg 1984

Brunnhuber, Maria: ›Wir meditieren mit Metaphern‹, in:
›Das Thema‹ 12/13, München 1973, S. 15 ff.

Dahlke, Rüdiger: ›Bewußt fasten. Ein Wegweiser zu
neuen Erfahrungen‹, Waakirchen 1980

Dahlke, Rüdiger: ›Mandalas der Welt. Ein Meditations-
und Malbuch.‹ München 1985

Dahlke, Rüdiger: ›Mandala-Malblock‹ München 1985

Dethlefsen, Thorwald: ›Schicksal als Chance. Das Urwissen zur Vollkommenheit des Menschen‹, München
1984

Dethlefsen, Thorwald/Dahlke, Rüdiger: ›Krankheit als
Weg. Deutung und Be-deutung der Krankheitsbilder‹,
München 1983

Easwaram, Eknath: ›Mantram. Hilfe durch die Kraft des
Wortes‹, Freiburg 1982

Griesbeck, Robert und Orzechowski, Peter: ›Die Kraft der Rätsel. Weisheitsspiele der Welt‹ München 1986

Hamel, Peter M.: ›Durch Musik zum Selbst‹, Bern, München, Wien 1976

Krishna, Pandit-Gopi: ›Kundalini – Erweckung der geistigen Kraft im Menschen‹, Weilheim 1968

Lörler, Lu: ›Die Hüter des alten Wissens. Schamanisches Heilen im Medizinrad.‹ München 1986

Martini, Guido: ›Malen als Erfahrung‹, Stuttgart, München 1977

Maslow, Abraham: ›Psychologie des Seins‹, München 1978

Pahnke, Walter: ›Drogen und Mystik‹, in: Josuttis, Manfred/Leuner, Hanscarl: ›Religion und die Droge‹, Stuttgart 1972

Scheidt, Jürgen vom: ›Schreiben als Selbsterfahrung, Psychotherapie und Meditation‹, München 1983

Villasenor, David: ›Mandalas im Sand.‹ Haldenwang 1981

MEDITATIONSTEXTE

Bauer, Erich: ›Tarot. Quelle therapeutischer Wandlung‹, München 1984

Buber, Martin: ›Die Erzählungen der Chassidim‹, Zürich 1949

Gibran, Kahlil: ›Das Reich der Ideen. Aphorismen und Gedanken‹, Freiburg/Olten 1983

Gibran, Kahlil: ›Der Prophet‹. Freiburg/Olten 1984

I Ging: ›Das Buch der Wandlungen‹. Hrsg. Wilhelm, Richard, Düsseldorf, Köln 1978

Lao-Tse: ›Tao Te King‹, Stuttgart 1979

Leuenberger, Hans Dieter: ›Schule des Tarot‹ 3 Bände, Freiburg

Müller, Else: ›Du spürst unter deinen Füßen das Gras. Autogenes Training in Fantasie- und Märchenreisen‹, Frankfurt 1983

Nichols, Sally: ›Die Psychologie des Tarot‹, Interlaken 1984

Poppe, Tom (Hrsg.): ›Schlüssel zum Schloß‹. (Sufitexte) München 1986

Silesius, Angelus: ›Der Himmel ist in dir‹, Zürich, Einsiedeln, Köln 1982

Außerdem: Die Bibel, Koran, alle heiligen Schriften, die Bhagavadgita und die Sufi-Erzählungen (siehe Sufitum)…

ASTROLOGIE

Arroyo, Stephen: ›Astrologie, Psychologie und die vier Elemente‹, München 1982

Dahlke, Rüdiger und Klein, Nicolaus: ›Das senkrechte Weltbild. Symbolisches Denken in astrologischen Urprinzipien‹, München 1986

Greene, Liz: ›Schicksal und Astrologie‹, München 1985

Roscher, Michael: ›Der Mond. Astrologisch-psychologische Entwicklungszyklen‹, München 1986

Rudhyar, Dane: ›Astrologischer Tierkreis und Bewußtsein. Eine Interpretation der 360 Tierkreisgrade‹, München 1984

Rudhyar, Dane: ›Astrologie der Persönlichkeit‹, München 1979

Rudhyar, Dane: ›Die astrologischen Zeichen‹, München 1983

Schult, Arthur: ›Astrosophie. Lehre der klassischen Astrologie‹, 2 Bände, Bietigheim 1971

Sicuteri, Roberto: ›Astrologie und Mythos‹, Freiburg 1983

Szabó, Zoltan: ›Astrologie der Wandlung. Der Weg zur Gralsburg im Horoskop‹, München 1985

MEDITATIONSMUSIK

Between: ›Dharana‹, Wergo
Deuter, Georg: ›Aum‹
Deuter, Georg: ›Cicada‹
Deuter, Georg: ›Ecstasy‹
Deuter, Georg: ›Celebration‹
Deuter, Georg: ›Haleakala‹
(alle *Deuter*-Titel: ERP Musikverlag, München)
Fricke, Florian: ›Die Erde und ich sind eins‹, ›Sei still, wisse
   ich bin‹, Autobahn-Musikverlag
Halpern, Steven: ›Zodiac Suite‹
Hamel, P. M.: ›Contemplation‹ (mit Between), Wergo
Hamel, P. M.: ›Nada‹, Wergo
Horn, Paul: ›Inside‹
Kitaro: ›Ki‹
New Age: ›Transformation‹
New Age: ›Transmission‹
Popul Vuh: ›Gardens of Pharao, Aguirre‹
Popul Vuh: ›Tantric Songs‹
Popul Vuh: ›Hosianna Mantra‹
Schoener, Eberhard: ›Meditation‹
Scott, T.: ›Music for Zen-Meditation‹
Tangerine Dream: ›Force Majeure‹, Virgin Records
›The Tibetan Book of Death‹ (2 Kassetten)
Winston, George: ›Autumn. Piano Solos‹
Winston, George: ›Winter into Spring. Solo Piano‹
Winston, George: ›December‹
(alle *Winston*-Titel: Windham Hill Records)
Carls/Zöbelin: ›Albatros‹*
Carls/Zöbelin: ›Nature Symphony‹*
Dahlke, Rüdiger: ›Auf den Schwingen der Töne…‹*
Darquoy, Roland: ›Celtic Piano‹*

Hamido: ›Songs of my Heart‹*
Hamido: ›Wings of Love‹*
König, Christian und Florian: ›Aurora‹*
Ryan, Robert: ›The Gardens of Isfahan‹*
Schmid, Wolfgang: ›Missa Brevis‹*
Schmid, Wolfgang: ›Soundpictures‹*
Trüstedt, Wolf-Dieter: ›Windharfe‹*
Veetman, Ulrich: ›Island‹*
(alle * Edition Neptun, München)

Meditationsmusik
zu Bhagwan-Meditationen

Deuter, Georg: ›Gourishankar – Mandala‹
Deuter, Georg: ›Kundalini – Nadabrahma‹
Deuter, Georg: ›Dynamic – Kundalini‹
Deuter, Georg: ›Nataraj – Nadabrahma‹
Deuter, Georg: ›Mandala – Whirling‹
Deuter, Georg: ›Gourishankar – Prayer – Devavani‹

MEDITATIONSKASSETTEN

Dahlke, Rüdiger: ›Luft/Wasser/Feuer/Erde‹
Dahlke, Rüdiger: ›Atemmandala – Farbmandala‹
Dahlke, Rüdiger: ›Tempel der Selbstverwirklichung‹
Dahlke, Rüdiger: ›Traumreisen...‹
Dahlke, Rüdiger: ›Welt der Elementewesen‹
Dahlke, Rüdiger: ›Schwingkreis – Klangkörper‹
Dahlke, Rüdiger: ›Durch die Schleier der Zeit‹
Dahlke, Rüdiger: ›Heilung – Meditation zur Selbstheilung‹
Dahlke, Rüdiger: ›Ich bin mein Lieblingstier‹
Dahlke, Rüdiger: ›Märchenland‹
(Erschienen bei Edition Neptun, München)
Dethlefsen, Thorwald: ›Meditationen‹
Dethlefsen, Thorwald: ›Körper- und Chakrenmeditation‹
(alle Dethlefsen-Kassetten über Hermetische Truhe, München)
Klein, Nicolaus: ›Der Tierkreis‹
Klein, Nicolaus: ›Die Elemente‹
(Erschienen bei Edition Neptun, München)
Leuenberger, Hans Dieter: ›Tarot-Meditation‹, 3 Kassetten mit Anleitungsbroschüre

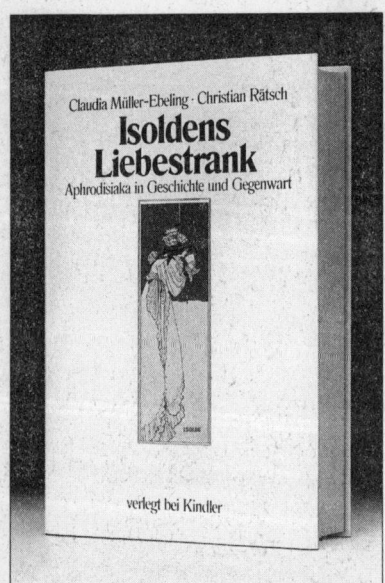

Band 4121
256 Seiten
ISBN 3-426-04121-9

Wie in allen alten Kulturen, so galt auch bei den Maya das
Leben nur als eine Station in der endlosen Kette von Wie-
dergeburten. Und der Tod hatte nur Bedeutung als Über-
gang von einer Existenzform in eine andere. Der Priester
konnte die Seele nach ihrer Trennung vom Körper bis zur
Reinkarnation im Leib einer schwangeren Frau begleiten –
Vorstellungen, die an das Tibetische Totenbuch erinnern.
Im Gegensatz jedoch zu den Tibetern, deren Lama das
Bewußtsein der Hinübergeschiedenen beschwört, sich
von der Sehnsucht nach Wiedergeburt zu trennen, gilt den
Maya das irdische Leben als Segen.

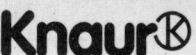

Band 4122
224 Seiten
ISBN 3-426-04122-7

Er ist schon ein seltsamer Heiliger, dieser Drugpa Künleg,
tantrischer Meister des 16. Jahrhunderts. Daß er in äußerst
ironischer Weise Gesellschaftskritik treibt, sich über phari-
säerhaftes Gehabe der Bürger, über fette Bonzen und die
hohle Veräußerlichung des Rituals in den Klöstern lustig
macht, mag seine Berechtigung haben. Daß er dem Alko-
hol in Form von Chang (dem tibetischen Bier) über alle
Maßen gern zuspricht, mag als verzeihlich gelten. Aber daß
er keine Gelegenheit ausläßt, Frauen zu verführen, und so
die tibetische Damenwelt in helle Aufregung versetzt...

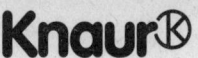

Knaur®

Taschenbücher

Band 4132
400 Seiten
ISBN 3-426-04132-4

Tarot kann Lebenshilfe, Entscheidungshilfe, Wegweiser durch schwierige Situationen und Schlüssel zur Selbstfindung sein – wenn wir verstehen, die Geheimnisse seiner Bilder und Symbole zu dechiffrieren.

Rachel Pollack führt uns mit großem Einfühlungsvermögen in die Kunst des Tarot ein:

- Die Interpretation sämtlicher 78 Tarot Karten (Große und Kleine Arkana)
- Wie Tarot funktioniert
- Das Legen der Tarot-Karten – verschiedene Legesysteme entsprechend der Fragestellung
- Wie man Tarot benutzt, und was man daraus lernen kann
- Tarot als Einweihungsweg, Tarot-Meditationen

Band 4112
384 Seiten
ISBN 3-426-04112-X

Dieses fundierte, umfassende Handbuch erklärt dem westlichen Leser anschaulich, wie man ein echtes chinesisches Horoskop erstellen kann. Systematische Anweisungen ermöglichen dem einzelnen die korrekte Kombination der verschiedenen Mondfaktoren. Das Resultat vermittelt Einsichten über die eigene Persönlichkeit und gibt darüber hinaus Aufschlüsse über gegenwärtige und zukünftige Entwicklungen der privaten und beruflichen Situation. Ein Vergleich zwischen chinesischen und westlichen Tierkreiszeichen gibt zusätzliche Orientierungshilfe.

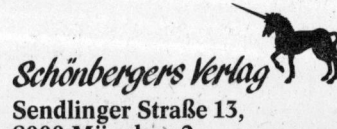

MARGIT SEITZ

MEDITATIONEN FÜR DEN STIER

WIE SIE IHRE PERSÖNLICHE
MEDITATIONS-
METHODE FINDEN KÖNNEN

MARGIT SEITZ

MEDITATIONEN FÜR DEN ZWILLING

WIE SIE IHRE PERSÖNLICHE
MEDITATIONS-
METHODE FINDEN KÖNNEN

TB 7716

TB 7715

MARGIT SEITZ

MEDITATIONEN FÜR DEN KREBS

WIE SIE IHRE PERSÖNLICHE
MEDITATIONS-
METHODE FINDEN KÖNNEN

MARGIT SEITZ

MEDITATIONEN FÜR DEN LÖWEN

WIE SIE IHRE PERSÖNLICHE
MEDITATIONS-
METHODE FINDEN KÖNNEN

TB 7714 (Erscheint Juni)

TB 7713 (Erscheint Juli)

MARGIT SEITZ

MEDITATIONEN FÜR DIE JUNGFRAU

WIE SIE IHRE PERSÖNLICHE
MEDITATIONS-
METHODE FINDEN KÖNNEN

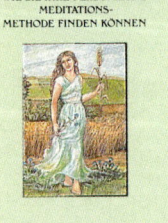

MARGIT SEITZ

MEDITATIONEN FÜR DIE WAAGE

WIE SIE IHRE PERSÖNLICHE
MEDITATIONS-
METHODE FINDEN KÖNNEN

TB 7712 (Erscheint August)

TB 7711 (Erscheint September)

Die weiteren Sternzeichen-Meditationsbücher erscheinen im Programm von Oktober 1987 bis März 1988.

Heinrich Heine, geboren am 13. Dezember 1797 in Düsseldorf, ist am 17. Februar 1856 in Paris gestorben.

Liebe bei Heine? Nichts liegt näher, als beide Begriffe zusammenzuführen. Nicht nur das *Buch der Lieder* zeugt davon: Liebesgefühle werden besungen, von der Liebsten bis hin zum Vaterland, Treue und Eifersucht, die Sehnsüchte der Hoffenden und Verschmähten – Lamento und Gelächter, Verzweiflung und Komik.

Nicht nur das 19. Jahrhundert hat den Liebeslyriker Heine entdeckt. Sein *Buch der Lieder*, in dem sich (ein Teil) seiner Liebesgedichte findet, zählt in unseren Tagen zu Heines meistgelesenem Werk.

Und Heines Liebesgedichte? Nichts scheint schwerer, als eine Auswahl daraus zusammenzustellen. Doch wenn der Stachel sitzt, wenn Pegasus in Cupidos Namen seinen Pfeil auf den Weg gebracht hat, dann kann man nichts anderes mehr lesen.

So ging es Friedrich von Gentz im Jahre 1830, als er sich im Alter noch einmal leidenschaftlich in die junge Tänzerin Fanny Elßler verliebte und Heines *Buch der Lieder* entdeckte. So erging es Thomas Brasch, als er die vorliegende Auswahl von Heines Liebesgedichten zusammenstellte. Er konnte nichts anderes mehr lesen, und so zeigt diese ganz persönliche Zusammenstellung, welch packende Kraft der Lyriker Heine auf den Lyriker Thomas Brasch ausübt.